D1747489

# Süße Weihnachten

**Bildnachweis:**

Studio Klaus Arras unter der Mitarbeit von Katja Briol: S. 7, 22, 25, 26, 29, 33, 34, 41, 46, 47, 50, 56, 64, 65, 66, 67, 71, 83, 85, 86, 87, 89, 90, 91, 93

Food Fotografie Michael Brauner: S. 9, 68, 69, 73

Angela Francisca Endress: S. 5, 94

Klaus Klaussen: S. 2, 79, 81

TLC Fotostudio: alle übrigen

**Illustrationsnachweis:**

Fotolia.com: © avian (Geschenk), © Jan Engel (Nikolaus auf Schlitten); © Ekler (Weihnachtskugeln, Sterne, Tannenbäume, Vogel, Stechpalme, Häuser, Lokomotive, Schlitten), © grgroup (Nussknacker), © Anja Kaiser (Eiskristalle), © LenLis (fliegender Engel, Vogelspuren), © orangeberry (Hintergrund), © wooster (stehender Engel), © Marina Zlochin (Handschuhe)

# Inhalt

EINLEITUNG 4

PLÄTZCHEN, STOLLEN & CO. 6

PRALINEN, BONBONS & CO. 50

GETRÄNKE 66

GESCHENKE AUS DER KÜCHE 74

REZEPTVERZEICHNIS 96

# So schön ist der Advent
## MIT PLÄTZCHENDUFT UND GESCHENKEN AUS DER KÜCHE

Wenn die Tage kürzer werden und es draußen nass und kalt wird, verbringt man automatisch mehr Zeit in den eigenen vier Wänden. Und neben einem guten Buch, schöner Musik und dem einen oder anderen Gesellschaftsspiel gibt es nichts Schöneres, als in der heimischen Küche köstliche Leckereien herzustellen – allein, mit den Kindern oder guten Freunden. Der positive Nebeneffekt: Durch selbst gemachte Geschenke aus der Küche entfällt schon mal ein großer Teil der stressigen Weihnachtseinkäufe. Liebevoll und persönlich verpackt sind Plätzchen, Likör, Marmelade & Co. nämlich immer auch ein ganz individuelles Geschenk, über die sich einfach jeder und jede freut! Zwei schöne Ideen zum Verpacken von Plätzchen oder Pralinen finden Sie übrigens auf den Seiten 94 und 95.

Und wenn der Stresspegel in der Adventszeit doch zu steigen beginnt? Erinnern Sie sich dann einfach an folgende goldene Tipps:

- **Gut geplant ist halb gewonnen!** „Last Minute" ist etwas für den Urlaub, aber Gift für die Weihnachtszeit. Überlegen Sie sich daher genau, was Sie wann erledigen wollen, verplanen Sie aber niemals den ganzen Tag, sodass Sie immer auch flexibel bleiben können.
- **Weniger ist mehr!** Vermeiden Sie zu viele Termine und setzen Sie sich nicht selbst durch überzogene Erwartungen unter Druck. Gönnen Sie sich Ruhephasen und Zeit für sich selbst – denn wenn Sie entspannt voll Vorfreude an die Feiertage herangehen können, machen Sie Ihren Liebsten das größte Geschenk: entspannte Weihnachten.

## WENN ES DRAUSSEN LAUT IST, KANN MAN SICH ZU HAUSE BEWUSST BESINNLICHKEIT SCHAFFEN

- **Lassen Sie sich helfen!** Berufen Sie den Familienrat ein und verteilen Sie anstehende Aufgaben. Und gerade beim Plätzchenbacken und der Pralinenherstellung ist geteilte Arbeit doppelte Freude!
- **Erlaubt ist, was gefällt!** Lassen Sie sich nicht unter Druck setzen und werfen Sie Traditionen, die nicht zu Ihnen passen über Bord. Entscheiden Sie selbst, wie Sie Weihnachten feiern möchten.

**LICHTERWELTEN** Das Licht einer Kerze kann einen ganzen Raum verändern. Dekorative Licht-Inseln in Haus oder Wohnung schaffen deshalb gerade in der Vorweihnachtszeit Ruhezonen zum Entspannen und Auftanken. Und mit ein bisschen Kreativität und wenigen Handgriffe lassen sich Kerzen wunderbar selbst machen.

### TASSENKERZEN

**1.** Hübsche Tassen vom alten Service der Tante oder der Oma können als Kerzengefäß im Advent zu neuen Ehren kommen. Einzeln oder in Gruppen schmücken sie einen adventlich eingedeckten Kaffeetisch ebenso stilvoll wie die Fensterbank.

**2.** Für die Herstellung der Tassenkerzen wird zunächst der Docht auf die passende Länge geschnitten: Er sollte ca. 2 cm höher sein als die Gesamthöhe der Tasse. Mit ein bisschen Silberdraht wird dann der Docht an einem ausreichend langen Schaschlikspieß befestigt und mittig in die Tasse gehängt.

**3.** Die Tasse mit Wachsgranulat aus dem Bastelladen knapp bis unter die Kante füllen. Vorsichtig nun den Docht vom Schaschlikspieß lösen. Einfacher und stimmungsvoller kann weihnachtliche Illumination kaum sein.

ADVENT, ADVENT EIN LICHTLEIN BRENNT ...

# Johannisbeer-Kränzchen

## Zutaten

**FÜR ETWA 20 STÜCK**
1 Vanilleschote
200 g Mehl
150 g zimmerwarme Butter
100 g Puderzucker
1 P. Vanillezucker
Salz
100 g Johannisbeergelee
Mehl für die Arbeitsfläche
Puderzucker zum Bestäuben

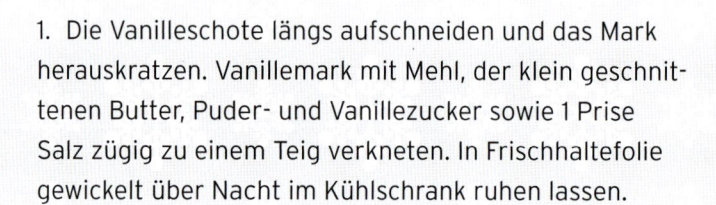

1. Die Vanilleschote längs aufschneiden und das Mark herauskratzen. Vanillemark mit Mehl, der klein geschnittenen Butter, Puder- und Vanillezucker sowie 1 Prise Salz zügig zu einem Teig verkneten. In Frischhaltefolie gewickelt über Nacht im Kühlschrank ruhen lassen.

2. Den Teig am nächsten Tag auf einer bemehlten Arbeitsfläche ca. 3 mm dick ausrollen und Kreise von ca. 3 cm Durchmesser ausstechen. Den Backofen auf 160 °C vorheizen. Bei der Hälfte der Kreise in der Mitte ein kleines Loch ausstechen. Die Kreise und Ringe auf ein mit Backpapier ausgelegtes Backblech setzen und ca. 20 Minuten auf der mittleren Einschubleiste backen. Vollkommen auskühlen lassen.

3. Das Gelee erwärmen, bis es flüssig ist. Die Ringe mit Puderzucker bestäuben, die Kreise mit Johannisbeergelee bepinseln und die Ringe auf die Kreise setzen. Luftdicht verpacken und kühl lagern.

Zubereitungszeit: ca. 20 Minuten
(plus Ruhe-, Back- und Abkühlzeit)
Pro Stück ca. 126 kcal/529 kJ

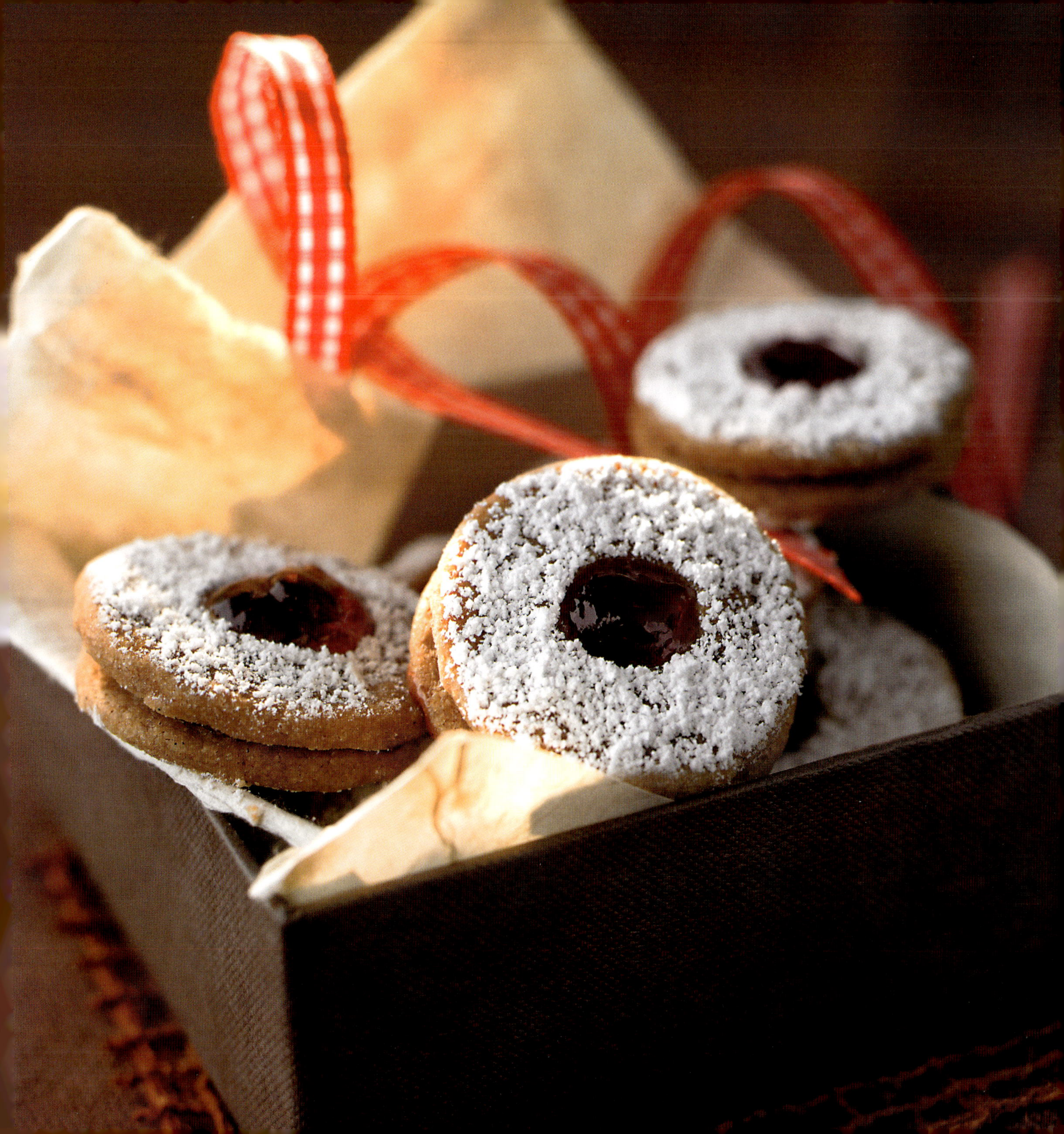

# Orangenherzen

## ZUTATEN

FÜR ETWA 30 STÜCK
25 g Orangeat
125 g Mehl
1 Eigelb
50 g feiner Zucker
1 Prise Salz
100 g weiche Butter
5 El Orangensaft
3 El Milch
1 P. Vanillepuddingpulver

Zubereitungszeit: ca. 35 Minuten
(plus Backzeit)
Pro Stück ca. 52 kcal/218 kJ

1. Den Backofen auf 180 °C vorheizen. Das Orangeat sehr fein hacken und mit allen übrigen Zutaten mit dem Handrührgerät zu einem glatten Teig verrühren. Den Teig in eine Spritztüte mit Sterntülle füllen.

2. Auf mit Backpapier ausgelegte Backbleche etwa 30 Herzen Spritzen und ca. 13 Minuten goldbraun backen. Auf einem Kuchengitter auskühlen lassen.

## TIPP

Wer mag, bepinselt die Herzen noch mit weißer Kuvertüre und bestreut sie mit Kokosraspeln.

PLÄTZCHEN, STOLLEN & CO.

# Kirsch-Schoko-Chippers

1. Zwei Backbleche mit Backpapier auslegen. Backofen auf 190 °C vorheizen. Weiße Schokolade fein hacken. Mehl, Backpulver, Zimt und Salz in einer Schüssel vermischen.

2. Die Butter in einem Topf bei geringer Hitze schmelzen lassen und vom Herd nehmen. Zucker unter die Butter rühren, bis er sich gelöst hat. Nacheinander Vanillemark, Milch und das Ei einrühren. Die Masse in die Mehlmischung rühren, dann gehackte Schokolade, Kirschen und Cranberrys unterheben.

3. Den Teig esslöffelweise mit ca. 5 cm Abstand auf die Backbleche setzen und 12–15 Minuten backen. Auf einem Kuchengitter auskühlen lassen.

## ZUTATEN

FÜR ETWA 30 STÜCK
100 g weiße Schokolade
135 g Mehl
je ½ Tl Backpulver und Zimt
1 Prise Salz
85 g Butter
je 65 g weißer und brauner Zucker
½ Vanilleschote (Mark)
1 El Milch
1 Ei
je 40 g getr. Sauerkirschen und Cranberrys

Zubereitungszeit: ca. 25 Minuten
(plus Backzeit)
Pro Stück ca. 100 kcal/419 kJ

PLÄTZCHEN, STOLLEN & CO.

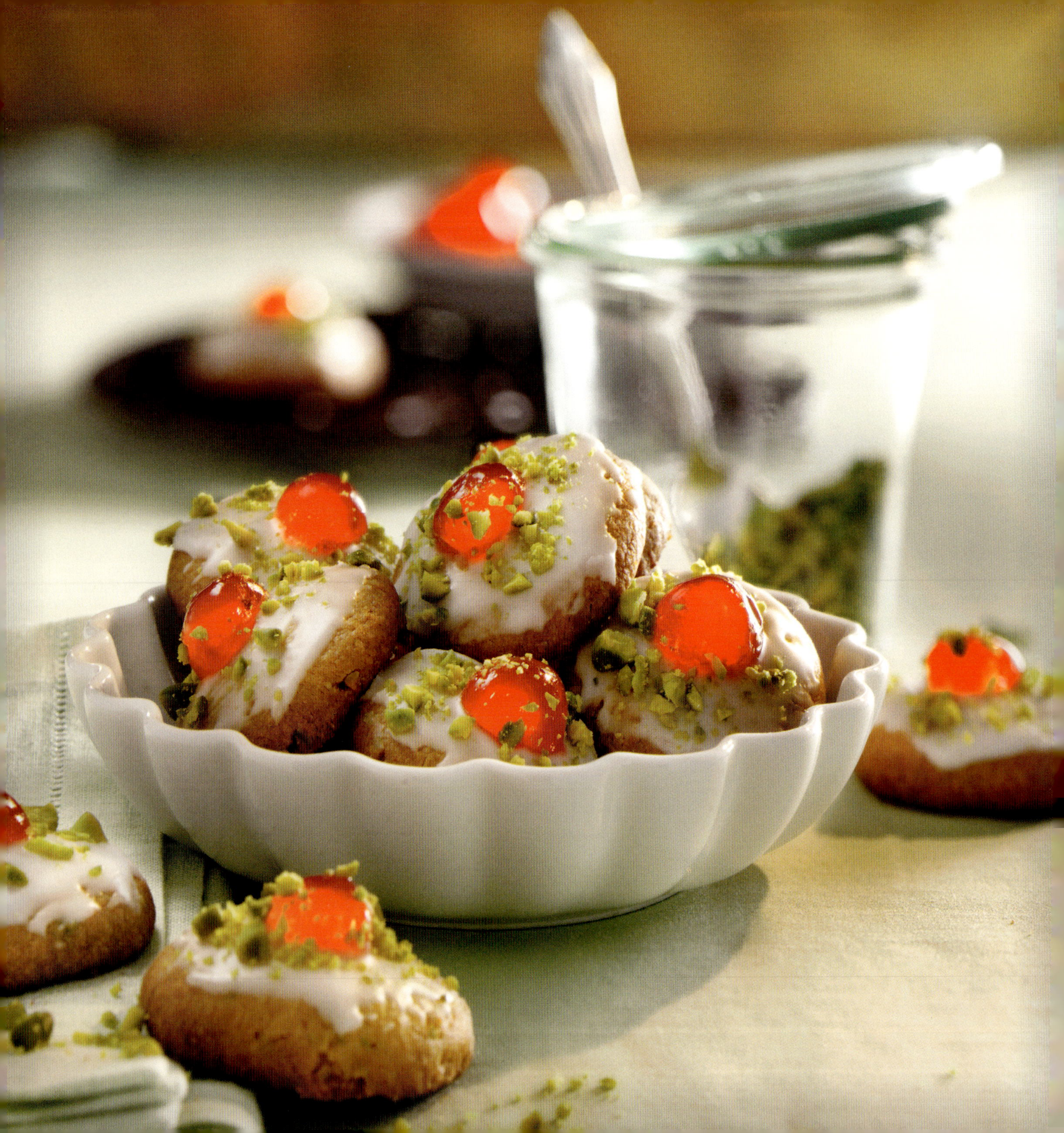

# Pistazienplätzchen

1. Das Mehl auf die Arbeitsfläche sieben und eine Mulde hineindrücken. Eigelb, Zucker, Salz und die weiche Butter in kleinen Stücken hineingeben. Die Pistazien hacken und die Hälfte mit dem Sternanis zu den Teigzutaten geben.

2. Mit möglichst kühlen Fingern alle Zutaten rasch zu einem gleichmäßigen Teig verkneten und zu einer Kugel formen. Den Teig in Frischhaltefolie wickeln und ca. 30 Minuten im Kühlschrank ruhen lassen.

3. Den Backofen auf 200 °C vorheizen. Den Teig zu ca. 40 kleinen Kugeln rollen, etwas flach drücken und auf mit Backpapier ausgelegte Backbleche legen. Dabei ausreichend Abstand einhalten, denn die Plätzchen laufen etwas auseinander.

4. Im vorgeheizten Ofen 8-10 Minuten backen und auf einem Kuchengitter auskühlen lassen.

5. Die kandierten Kirschen halbieren. Den Puderzucker mit 1-2 Esslöffeln Wasser zu einem glatten Guss verrühren. Plätzchen dünn mit Zuckerguss überziehen und mit den Kirschhälften und den restlichen gehackten Pistazien verzieren.

## ZUTATEN

**FÜR ETWA 40 STÜCK**

125 g Mehl
1 Eigelb
50 g feiner Zucker
1 Prise Salz
100 g weiche Butter
60 g Pistazien
¼ Tl gemahlener Sternanis
etwa 20 kandierte Kirschen
50 g Puderzucker

Zubereitungszeit: ca. 30 Minuten
(plus Kühl-, Back- und Abkühlzeit)
Pro Stück ca. 56 kcal/234 kJ

# Plätzchen

## DELLA NONNA

### ZUTATEN

**FÜR ETWA 20 STÜCK**

**Für den Teig**
125 g Mehl
1 Eigelb
50 g feiner Zucker
1 Prise Salz
100 g weiche Butter
½ Vanilleschote (Mark)

**Für die Füllung**
40 g Pinienkerne
150 ml Sahne
1 Dose Safranpulver
1 Prise Salz
250 g weiße Schokolade

**Außerdem**
Mehl für die Arbeitsfläche

Zubereitungszeit: ca. 1 Stunde, 10 Minuten
(plus Kühl-, Back- und Abkühlzeit)
Pro Stück ca. 190 kcal/795 kJ

1. Das Mehl auf die Arbeitsfläche sieben und eine Mulde hineindrücken. Eigelb, Zucker, Salz, die weiche Butter in kleinen Stücken und das Vanillemark darin verteilen. Alle Zutaten rasch zu einem gleichmäßigen Teig verkneten und zu einer Kugel formen. Den Teig in Frischhaltefolie wickeln und ca. 30 Minuten im Kühlschrank ruhen lassen.

2. Den Backofen auf 200 °C vorheizen. Auf der leicht bemehlten Arbeitsfläche den Teig 3–4 mm dick ausrollen und mit runden Ausstechformen ca. 40 Plätzchen ausstechen. Die Plätzchen auf mit Backpapier ausgelegte Backbleche legen und 8–10 Minuten backen. Auf einem Kuchengitter auskühlen lassen.

3. Für die Füllung die Pinienkerne in einer Pfanne ohne Fett leicht bräunen. In eine kleine Schüssel umfüllen und beiseitestellen. Die Sahne aufkochen, vom Herd nehmen. Safran, Salz und die weiße Schokolade in Stücken hineingeben. So lange rühren, bis die Schokolade vollständig geschmolzen ist. Abkühlen lassen und cremig aufschlagen. Die Pinienkerne grob hacken und unter die Ganache heben.

4. Die Hälfte der Plätzchen mit einem guten Klecks Creme bestreichen, die restlichen Plätzchen daraufsetzen und leicht andrücken.

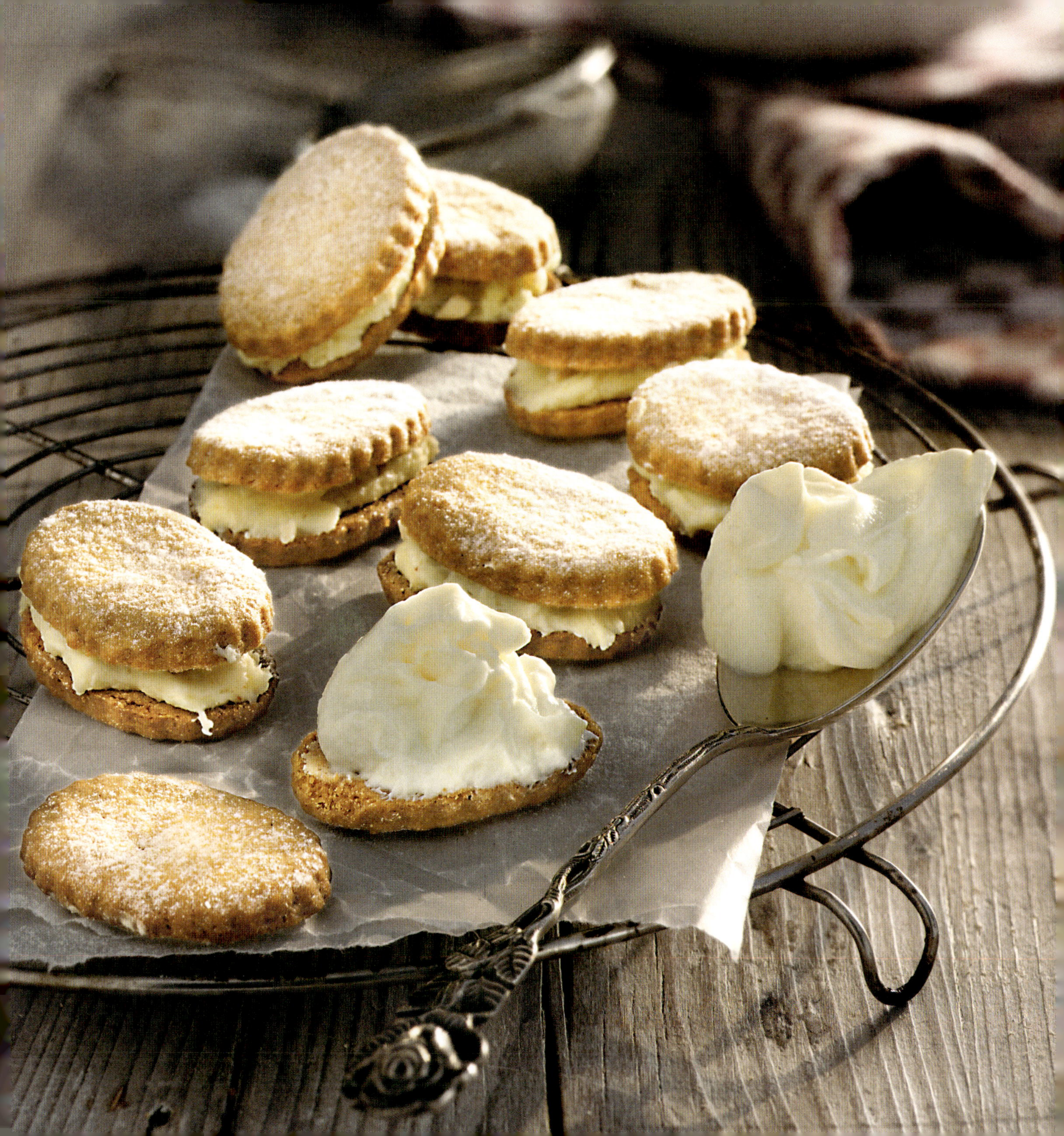

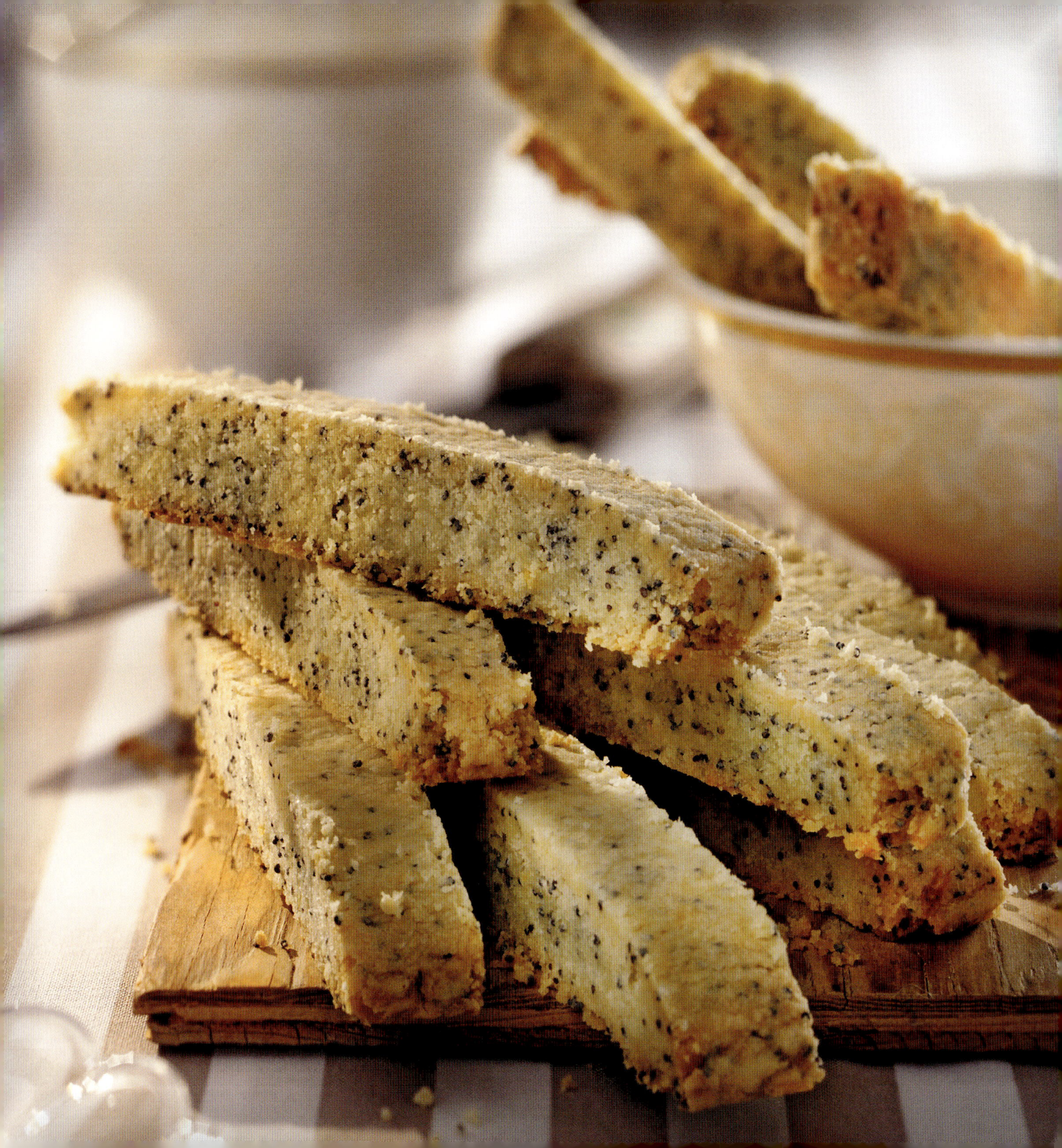

# Mohn-
## SHORTBREAD

1. Das Mehl auf die Arbeitsfläche sieben und eine Mulde hineindrücken. Das Eigelb in die Mulde geben. Zucker und Salz darübergeben und die weiche Butter in kleinen Stücken darauf verteilen. Die Orangenschale und den Mohn hinzufügen.

2. Mit möglichst kühlen Fingern alle Zutaten rasch zu einem gleichmäßigen Teig verkneten und auf einem Stück Frischhaltefolie zu einer rechteckigen, etwa 1 ½ cm dicken Teigplatte formen. Mit dem Zucker bestreuen, in die Folie einschlagen und ca. 1 Stunde im Kühlschrank ruhen lassen.

3. Den Backofen auf 200 °C vorheizen. Teigplatte vorsichtig aus der Folie wickeln, auf ein mit Backpapier ausgelegtes Backblech legen, mehrmals mit einer Gabel einstechen und 15–18 Minuten goldbraun backen. Auf einem Kuchengitter vollständig abkühlen lassen.

4. Den Kuchen mit einem scharfen dünnen Messer in etwa 40 längliche Streifen schneiden.

### ZUTATEN

FÜR ETWA 40 STÜCK
125 g Mehl
1 Eigelb
50 g feiner Zucker
1 Prise Salz
100 g weiche Butter
1 unbehandelte Orange
(abgeriebene Schale)
35 g Mohn
2 El Zucker zum Bestreuen

Zubereitungszeit: ca. 20 Minuten
(plus Kühl-, Back- und Abkühlzeit)
Pro Stück ca. 57 kcal/239 kJ

**NICHT NUR AN WEIHNACHTEN LECKER!**

PLÄTZCHEN, STOLLEN & CO.

# Schoko-Cornflakes-
## Knusperchen

### ZUTATEN

**FÜR ETWA 40 STÜCK**
100 g weiße Schokolade
100 g Vollmilchschokolade
100 g Zartbitterschokolade
ca. 150 g Cornflakes

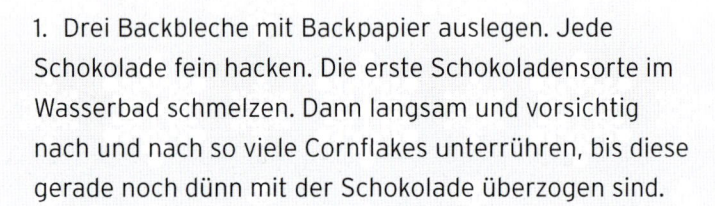

1. Drei Backbleche mit Backpapier auslegen. Jede Schokolade fein hacken. Die erste Schokoladensorte im Wasserbad schmelzen. Dann langsam und vorsichtig nach und nach so viele Cornflakes unterrühren, bis diese gerade noch dünn mit der Schokolade überzogen sind.

2. Mit 2 Teelöffeln die überzogenen Cornflakes herausnehmen und als Häufchen auf das Backpapier setzen. Schoko-Cornflakes-Knusperchen ca. 6 Stunden trocknen lassen.

3. Mit den anderen beiden Schokosorten ebenso verfahren.

Zubereitungszeit: ca. 25 Minuten
(plus Zeit zum Trocknen)
Pro Stück ca. 53 kcal/221 kJ

### TIPP

Nach Belieben die Schoko-Knusperchen mit geschmolzener Schokolade verzieren (weiße Knusperchen mit Zartbitter usw.).

PLÄTZCHEN, STOLLEN & CO.

# Schoko-Minz-Plätzchen

Zubereitungszeit: ca. 50 Minuten
(plus Kühl-, Back-, Abkühl- und Trockenzeit)
Pro Stück ca. 61 kcal/255 kJ

## ZUTATEN

**FÜR ETWA 40 STÜCK**

**Für den Teig**
125 g Mehl
1 Eigelb
50 g feiner Zucker
1 Prise Salz
100 g weiche Butter
50 g ungesüßtes Kakaopulver

**Für den Guss**
200 g Puderzucker
einige Tröpfchen Pfefferminzöl
einige Tropfen grüne Lebensmittelfarbe
50 g harte, weiße Pfefferminzbonbons

**Außerdem**
Mehl für die Arbeitsfläche

1. Das Mehl auf die Arbeitsfläche sieben und eine Mulde hineindrücken. Eigelb, Zucker, Salz, die weiche Butter in kleinen Stücken und das Kakaopulver darin verteilen.

2. Alle Zutaten rasch zu einem glatten Teig verkneten und zu einer Kugel formen. Den Teig in Frischhaltefolie wickeln und ca. 30 Minuten im Kühlschrank ruhen lassen.

3. Den Backofen auf 200 °C vorheizen. Auf der leicht bemehlten Arbeitsfläche den Teig ca. 4 mm dick ausrollen und mit Ausstechformen nach Belieben Plätzchen ausstechen, bis der Teig verbraucht ist.

4. Die Plätzchen auf mit Backpapier ausgelegte Backbleche legen und ca. 10 Minuten backen. Auf einem Kuchengitter auskühlen lassen.

5. Puderzucker mit 1-2 Esslöffeln Wasser, dem Pfefferminzöl und der Lebensmittelfarbe zu einem dicken glatten Guss verrühren. Die Pfefferminzbonbons grob hacken. Plätzchen mit dem Zuckerguss und den Bonbonsplittern verzieren und trocknen lassen.

PLÄTZCHEN, STOLLEN & CO.

# Nougat-Plätzchen

## ZUTATEN

**FÜR ETWA 20 STÜCK**

**Für den Teig**
125 g Mehl
1 Eigelb
50 g feiner Zucker
1 Prise Salz
100 g weiche Butter

**Für die Füllung und den Überzug**
60 g Nuss-Nougat-Creme
100 g dunkle Schokolade

**Außerdem**
Mehl für die Arbeitsfläche

1. Das Mehl auf die Arbeitsfläche sieben und eine Mulde hineindrücken. Eigelb, Zucker, Salz und die weiche Butter in kleinen Stücken darin verteilen.

2. Alle Zutaten rasch zu einem gleichmäßigen Teig verkneten und zu einer Kugel formen. Den Teig in Frischhaltefolie wickeln und ca. 30 Minuten im Kühlschrank ruhen lassen.

3. Den Backofen auf 200 °C vorheizen. Auf der leicht bemehlten Arbeitsfläche den Teig 3–4 mm dick ausrollen und ca. 40 runde Plätzchen ausstechen.

4. Die Plätzchen auf mit Backpapier ausgelegte Backbleche legen und 8–10 Minuten backen. Auf einem Kuchengitter auskühlen lassen.

5. Die Hälfte der Plätzchen jeweils dünn mit Nuss-Nougat-Creme bestreichen und mit den anderen Plätzchen zusammensetzen. Die Schokolade im Wasserbad schmelzen, die Plätzchen zur Hälfte hineintauchen und auf einem Kuchengitter trocknen lassen.

Zubereitungszeit: ca. 30 Minuten
(plus Kühl-, Back- und Abkühlzeit)
Pro Stück ca. 129 kcal/540 kJ

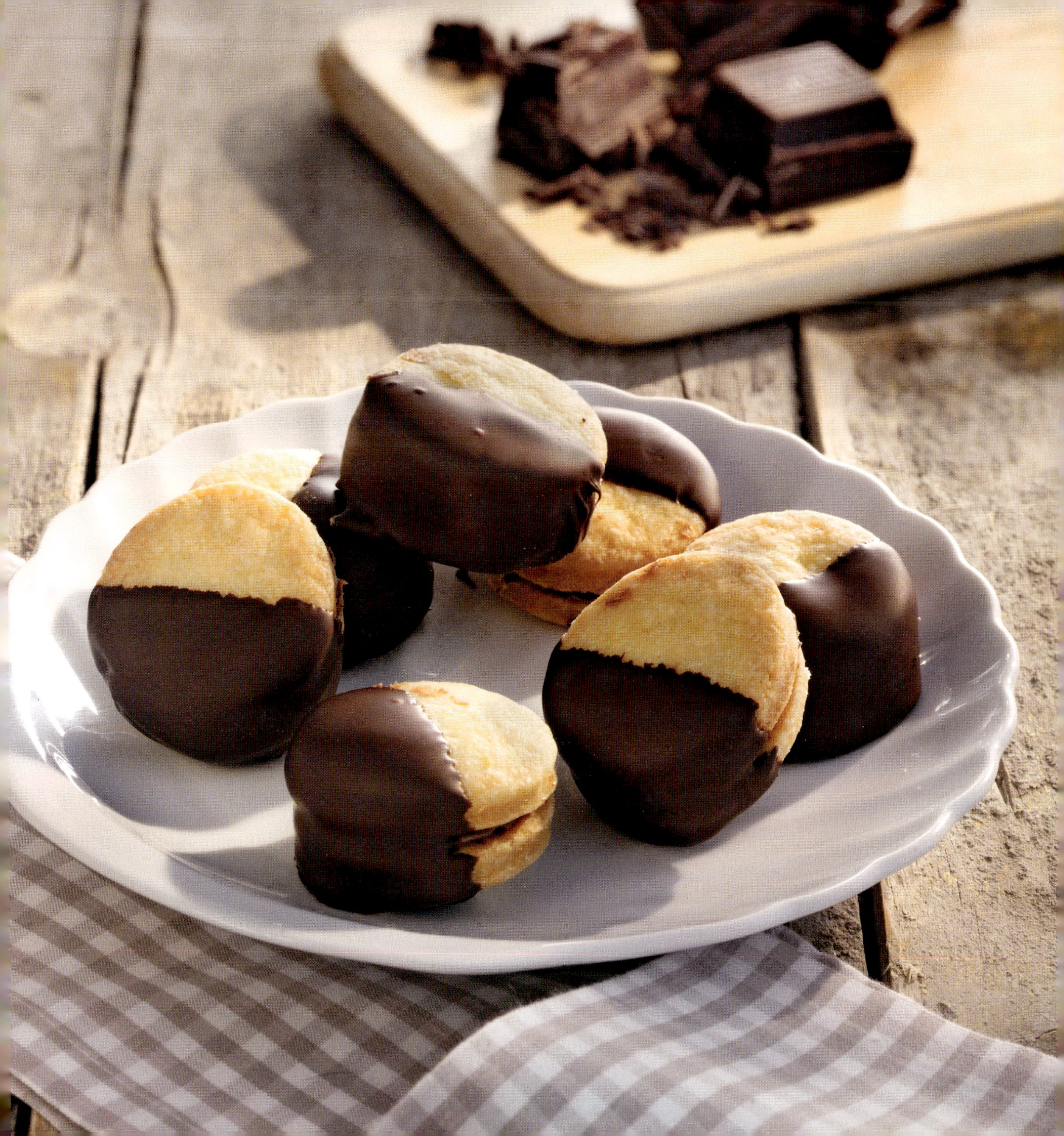

# Nuss-Amarena-Plätzchen

## Zutaten

**FÜR ETWA 20 STÜCK**

**Für den Teig**
125 g Mehl
1 Eigelb
50 g feiner Zucker
1 Prise Salz
100 g weiche Butter
1 Vanilleschote (Mark)
200 g Macadamianüsse

**Für den Belag**
½ Glas Amarenakirschen
200 g Himbeergelee
2 El Himbeergeist

1. Das Mehl auf die Arbeitsfläche sieben und eine Mulde hineindrücken. Eigelb, Zucker, Salz und die weiche Butter in kleinen Stücken darin verteilen.

2. Alle Zutaten rasch zu einem gleichmäßigen Teig verkneten und zu einer etwa 20 cm langen Rolle formen. Macadamianüsse hacken und die Teigrolle darin wälzen. Den Teig fest in Frischhaltefolie wickeln und ca. 30 Minuten im Kühlschrank ruhen lassen.

3. Den Backofen auf 200 °C vorheizen. Den Teig in ca. 1 cm dicke Scheiben schneiden und die Plätzchen auf mit Backpapier ausgelegte Backbleche legen. 10-13 Minuten goldbraun backen. Auf einem Kuchengitter auskühlen lassen.

4. Amarenakirschen gut abtropfen lassen, Sirup auffangen. Himbeergelee mit Amarenasirup und Himbeergeist zum Kochen bringen und bei schwacher Hitze einmal aufwallen lassen. Die Plätzchen gleichmäßig mit 1 Teelöffel Gelee bestreichen und mit je 1 Amarenakirsche garnieren. Trocknen lassen.

Zubereitungszeit: ca. 1 Stunde
(plus Kühl-, Back- und Auskühlzeit)
Pro Stück ca. 96 kcal/402 kJ

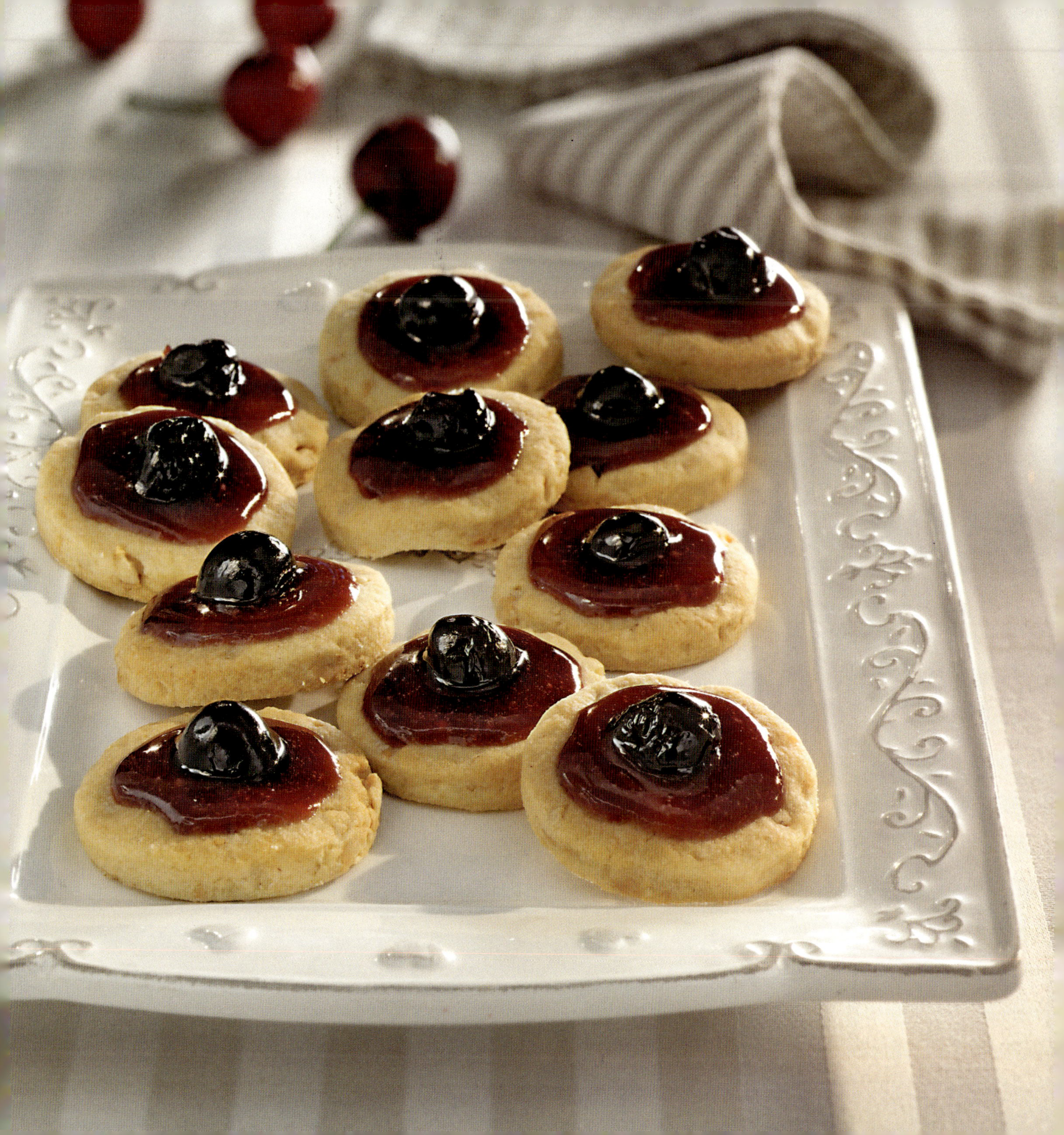

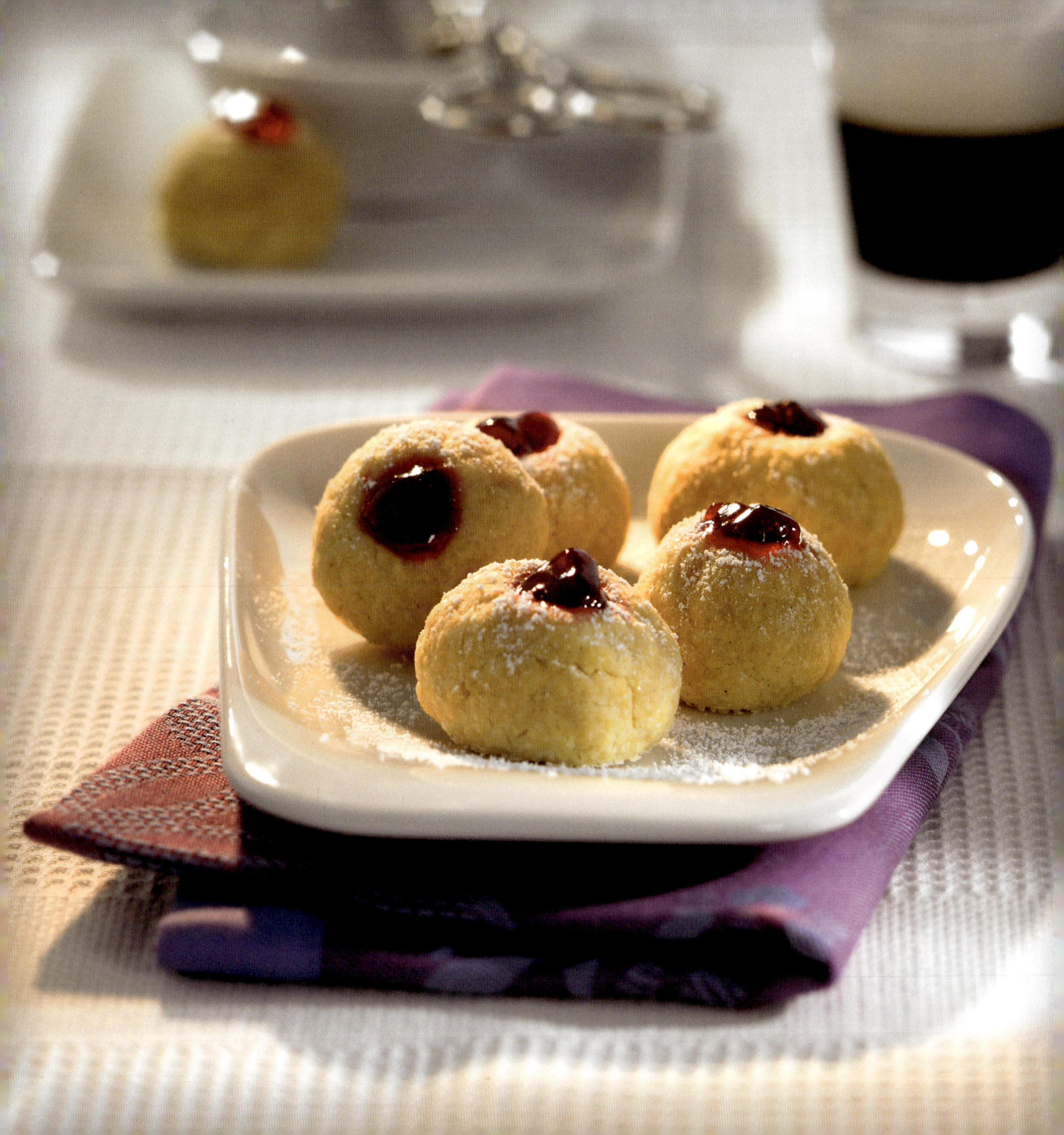

# Wiener
## Kolatschen

1. Die Butter ca. 10 Minuten schaumig rühren. Zucker, Vanillezucker, Salz und Eigelb dazugeben und verrühren, bis die Masse cremig ist. Anschließend mit dem Mehl zu einem glatten Teig verkneten. In Folie gewickelt ca. 1 Stunde kühl stellen.

2. Aus dem Teig knapp walnussgroße Kugeln formen. Ein Backblech mit Backpapier belegen, die Kugeln daraufsetzen und mit dem Stielende eines Kochlöffels in jede Kugel eine Vertiefung drücken. Das Johannisbeergelee erwärmen und in die Vertiefungen füllen.

3. Plätzchen ca. 15 weitere Minuten kühl stellen. Backofen auf 170 °C vorheizen. Plätzchen auf der 2. Schiene von unten ca. 15 Minuten backen. Kugeln eventuell noch einmal mit Gelee auffüllen.

### Zutaten

FÜR ETWA 60 STÜCK
225 g weiche Butter
150 g Zucker
1 P. Vanillezucker
1 Prise Salz
3 Eigelb
340 g Mehl
5 El Johannisbeergelee

Zubereitungszeit: ca. 20 Minuten
(plus Kühl-, Back- und Abkühlzeit)
Pro Stück ca. 57 kcal/239 kJ

### Tipp

Köstlich ist auch eine Variation mit gehackten Mandeln: Sie brauchen dazu zusätzlich 1–2 Eiweiß und 6–8 El gehackte Mandeln. Nachdem Sie Kugeln aus dem Teig geformt haben, wälzen Sie sie zuerst in Eiweiß und dann in den gehackten Mandeln. Danach verfahren Sie weiter wie im Rezept.

PLÄTZCHEN, STOLLEN & CO.

# Zimtsterne

## ZUTATEN

**FÜR ETWA 35 STÜCK**
1 unbehandelte Zitrone
3 Eiweiß
100 g Puderzucker
100 g Zucker
1 Tl Zimtpulver
300 g gemahlene Mandeln
150 g Marzipan
1 Prise Nelkenpulver
Zucker für die Arbeitsfläche

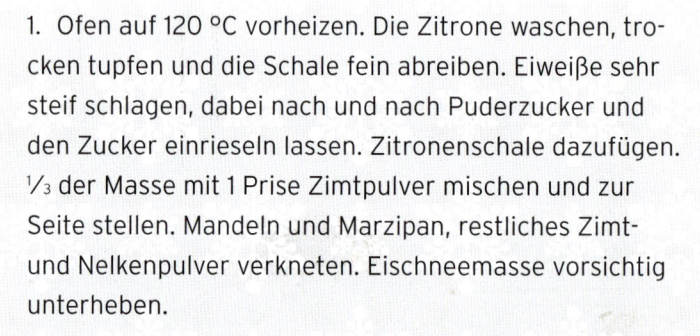

1. Ofen auf 120 °C vorheizen. Die Zitrone waschen, trocken tupfen und die Schale fein abreiben. Eiweiße sehr steif schlagen, dabei nach und nach Puderzucker und den Zucker einrieseln lassen. Zitronenschale dazufügen. $1/3$ der Masse mit 1 Prise Zimtpulver mischen und zur Seite stellen. Mandeln und Marzipan, restliches Zimt- und Nelkenpulver verkneten. Eischneemasse vorsichtig unterheben.

2. Den Teig auf eine mit Zucker bestäubte Arbeitsfläche streichen und Sterne ausstechen. Sternform dabei immer wieder in kaltes Wasser tauchen, damit der Teig nicht haften bleibt. Sterne auf ein mit Backpapier ausgelegtes Backblech setzen und mit der restlichen Eischneemasse bestreichen. Ofen auf 100 °C herunterstellen und die Sterne 40–45 Minuten auf der unteren Schiene trocknen lassen.

Zubereitungszeit: ca. 30 Minuten (plus Backzeit)
Pro Stück ca. 117 kcal/490 kJ

## TIPP

Falls die Zimtsterne anfangen zu bräunen: Schieben Sie einfach eine Schiene darüber ein weiteres Backblech in den Ofen. So können die Sterne trocknen und bleiben schön weiß.

PLÄTZCHEN, STOLLEN & CO.

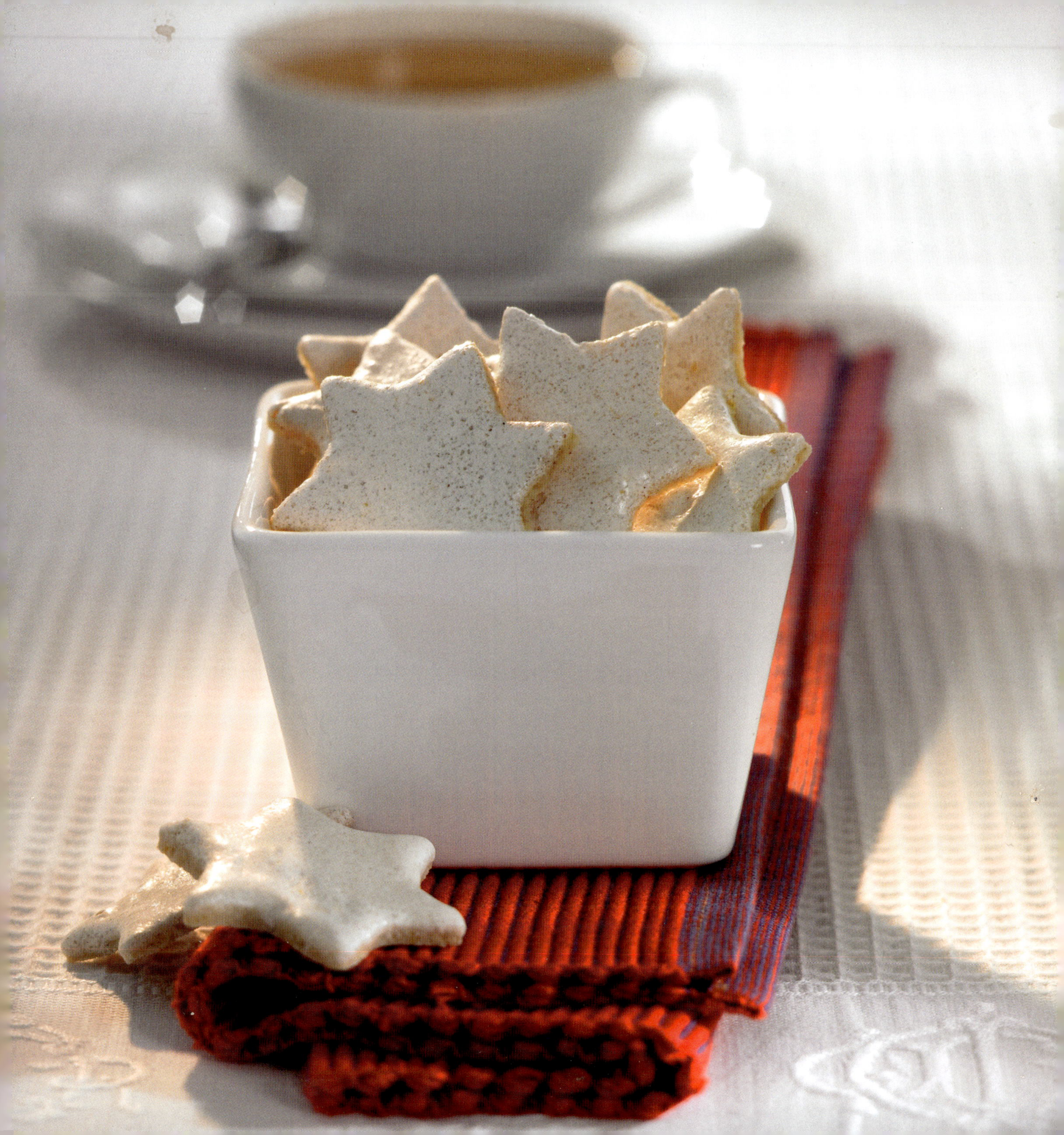

# Vanillekipferl

## ZUTATEN

FÜR ETWA 40 STÜCK
200 g Mehl
150 g Butter
50 g Zucker
100 g fein gemahlene Mandeln
2 P. Vanillezucker
2 Eigelb
150 g Kuvertüre
1 Tl Öl
Puderzucker zum Bestäuben

1. Alle Zutaten bis auf Kuvertüre, Öl und Puderzucker gut verkneten und mindestens ½ Stunde in den Kühlschrank stellen. Den Backofen auf 175 °C vorheizen. Backblech mit Backpapier belegen. Teig zu Kipferln formen und ca. 30 Minuten backen. Auskühlen lassen.

2. Schokolade mit Öl im heißen Wasserbad auflösen und die Enden der Plätzchen in die Schokolade tauchen. Nach Belieben mit Puderzucker bestäuben.

*NICHT NUR AN WEIHNACHTEN LECKER!*

Zubereitungszeit: ca. 20 Minuten
(plus Kühl- und Backzeit)
Pro Stück ca. 82 kcal/343 kJ

# Shortbread

## MIT SALZKARAMELL

Zubereitungszeit: ca. 50 Minuten
(plus Kühl-, Back- und Abkühlzeit)
Pro Stück ca. 175 kcal/733 kJ

### ZUTATEN

**FÜR ETWA 20 STÜCK**

**Für den Teig**
225 g Mehl
1 Eigelb
125 g feiner Zucker
1 Prise Salz
175 g weiche Butter

**Für das Karamell**
50 g gesalzene Butter
50 ml Kondensmilch
4 Tl heller Sirup

**Außerdem**
100 g Milchschokolade
Butter und Paniermehl
für die Form

1. Den Backofen auf 180 °C vorheizen. Eine Kastenform (24 x 8 cm) gut einfetten und mit Paniermehl ausstreuen.

2. Aus allen Zutaten für den Teig rasch einen Teig kneten und in die Kastenform pressen. Mit einer Gabel den Teig mehrfach einstechen und ca. 4 Minuten backen. Die Hitze auf 150 °C reduzieren und ca. 30 weitere Minuten backen. In der Form auskühlen lassen. Danach vorsichtig aus der Form auf eine Platte stürzen.

3. Für das Karamell gesalzene Butter, Kondensmilch und Sirup in einem flachen Topf zum Kochen bringen und ca. 10 Minuten köcheln lassen. Über das Shortbread gießen und im Kühlschrank auskühlen lassen, bis das Karamell leicht gehärtet ist.

4. Die Schokolade über dem Wasserbad schmelzen lassen und anschließend gleichmäßig über das Karamell streichen. Im Kühlschrank erhärten lassen und anschließend das Shortbread in etwa 10 Streifen schneiden. Die Scheiben halbieren.

# Schneemann-Plätzchen

## ZUTATEN

**FÜR ETWA 45 STÜCK**

1 unbehandelte Zitrone
300 g weiche Butter
300 g Mehl
150 g zarte Haferflocken
150 g Zucker
1 ½ P. Vanillezucker
1 Ei
4 El Korinthen
3 El Pinienkerne (ersatzweise Mandelstifte)
350 g Puderzucker
rote Lebensmittelfarbe
Mehl für die Arbeitsfläche

Zubereitungszeit: ca. 50 Minuten
(plus Kühl- und Backzeit)
Pro Stück ca. 122 kcal/511 kJ

1. Zitrone waschen, abtupfen und die Schale fein abreiben. Butter, Mehl, Haferflocken, Zucker, Vanillezucker, Zitronenschale und das Ei gründlich miteinander verkneten. Den Teig zu einer Kugel formen, in Klarsichtfolie wickeln und ca. 30 Minuten kühl stellen.

2. Backofen auf 180 °C vorheizen. Teig auf einer bemehlten Arbeitsfläche ausrollen. Verschieden große Kreise ausstechen: ca. 7 cm Durchmesser für den Körper und ca. 4 cm Durchmesser für den Kopf. Jeweils einen kleinen Kreis überlappend auf einen großen Kreis legen und etwas andrücken. Den Schneemännern als Knopfleiste auf den Bauch und als Augen Korinthen aufsetzen und 1 Pinienkern als Nase verwenden. Backblech mit Backpapier belegen und die Kekse auf der mittleren Einschubleiste 10-12 Minuten backen. Anschließend auskühlen lassen.

3. Die Hälfte des Puderzuckers mit 2-3 Esslöffeln Wasser verrühren und mit der roten Lebensmittelfarbe einfärben. Schneemännern rote Mützen malen und mit weißen Zuckerguss-Tupfen versehen. Ein weißer Mützenrand sieht ebenfalls hübsch aus. Zum Schluss mit Puderzucker-„Schnee" bestäuben oder die Schneemänner dekorativ in Hagelzucker anrichten.

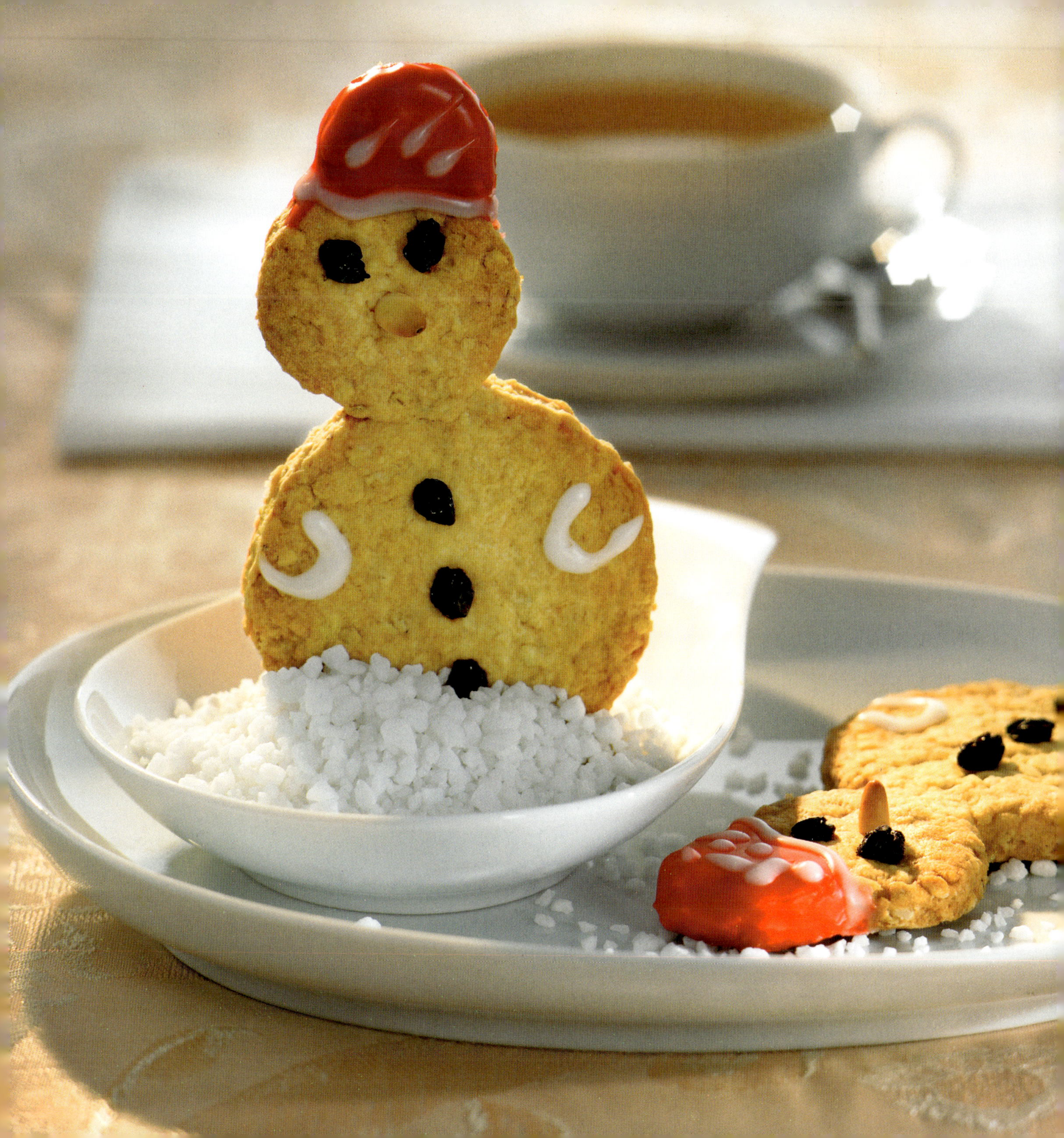

# Bethmännchen

## ZUTATEN

**FÜR ETWA 70 STÜCK**

**Für den Teig**
125 g Mehl
1 Eigelb
50 g feiner Zucker
1 Prise Salz
100 g weiche Butter

**Für den Belag**
500 g Marzipanrohmasse
2 Eier
160 g Puderzucker
130 g geschälte, gemahlene Mandeln
55 g Mehl
6 Tropfen Rosenwasser

**Außerdem**
120 g geschälte, ganze Mandeln
Mehl für die Arbeitsfläche

Zubereitungszeit: ca. 1 Stunde 10 Minuten
(plus Kühl- und Backzeit)
Pro Stück ca. 56 kcal/234 kJ

1. Alle Zutaten für den Teig rasch gleichmäßig verkneten und zu einer Kugel formen. Den Teig in Frischhaltefolie wickeln und ca. 30 Minuten im Kühlschrank ruhen lassen.

2. Die Marzipanrohmasse grob hacken, die Eier trennen und den Puderzucker sieben. Marzipan, Puderzucker, Mandeln, Mehl, Eiweiß und Rosenwasser mit den Händen verkneten. Abgedeckt etwa 60 Minuten kalt stellen.

3. Den Backofen auf 150 °C vorheizen. Den Teig auf der leicht bemehlten Arbeitsfläche etwa 3 mm dick ausrollen, mit Ausstechformen ca. 70 kleine runde Plätzchen ausstechen und auf mit Backpapier ausgelegte Backbleche legen.

4. Aus der Marzipanmasse ebenso viele kleine Kugeln formen. Die Mandeln längs halbieren und jeweils 3 Mandelhälften hochkant seitlich um die Kugeln setzen und fest andrücken. Das Eigelb und 2 El Wasser verquirlen, Plätzchen damit Bestreichen, die Bethmännchen auf die Plätzchens setzen und ebenfalls dünn mit Ei bestreichen.

5. Im vorgeheizten Ofen etwa 15 Minuten backen. Auf einem Kuchengitter abkühlen lassen.

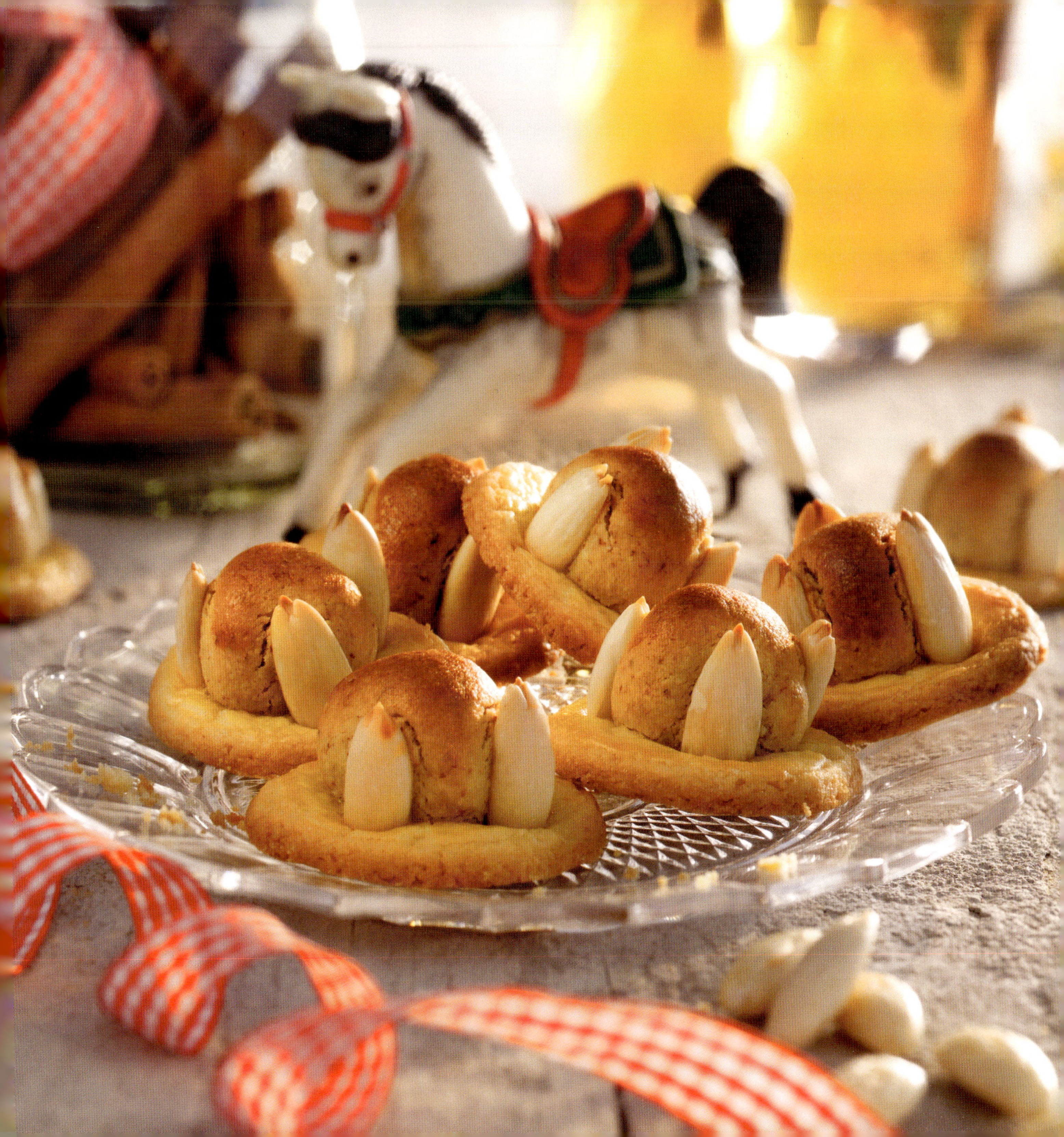

# Bananen-Hafer-Knusperchen

## ZUTATEN

**FÜR ETWA 50 STÜCK**

1 reife Banane
125 g Mehl
1 Eigelb
100 g feiner Zucker
1 Prise Salz
100 g weiche Butter
1 unbehandelte Zitrone
(1 Tl abgeriebene Schale)
90 g feine Haferflocken
½ Tl Backpulver
einige getrocknete Datteln

Zubereitungszeit: ca. 30 Minuten
(plus Backzeit)
Pro Stück ca. 41 kcal/172 kJ

1. Den Backofen auf 180 °C vorheizen. Die Banane mit einer Gabel zerdrücken und mit allen anderen Zutaten, bis auf die Datteln, zu einem Teig ver-kneten.

2. Mit zwei Teelöffeln kleine Nocken aus dem Teig abstechen und auf mit Backpapier ausgelegte Backbleche verteilen. Dabei ausreichend Abstand einhalten, denn die Plätzchen verlaufen noch.

3. Die Datteln in Stückchen schneiden und in die Mitte jedes Teighäufchens ein Stück drücken. Die Knusperchen etwa 15 Minuten backen, vom Blech nehmen und auf Kuchengittern auskühlen lassen.

PLÄTZCHEN, STOLLEN & CO.

# Amarettini

1. Die Eier trennen und die Eiweiße mit 1 Prise Salz steif schlagen (Eigelbe anderweitig verwenden). 100 g Puderzucker dazugeben und den Eischnee weiterschlagen, bis eine feste, glänzende Masse entstanden ist. Den Ofen auf 180 °C vorheizen.

2. Das Mehl mit den Mandeln und dem restlichen Puderzucker mischen. Den Eischnee und das Bittermandelaroma unterheben. Aus der Masse mithilfe eines Teelöffels kleine Häufchen auf ein mit Backpapier belegtes Blech setzen. Diese mit Zucker bestreuen und im Ofen auf der mittleren Schiene ca. 20 Minuten backen. Herausnehmen und abkühlen lassen. Die Amarettini trocken und kühl lagern.

## ZUTATEN

FÜR ETWA 50 STÜCK
4 Eier
Salz
300 g Puderzucker
25 g Mehl
300 g gemahlene Mandeln
einige Tropfen Bittermandelaroma
Zucker zum Bestreuen

**NICHT NUR AN WEIHNACHTEN LECKER!**

Zubereitungszeit: ca. 20 Minuten
(plus Backzeit)
Pro Stück ca. 64 kcal/267 kJ

PLÄTZCHEN, STOLLEN & CO.

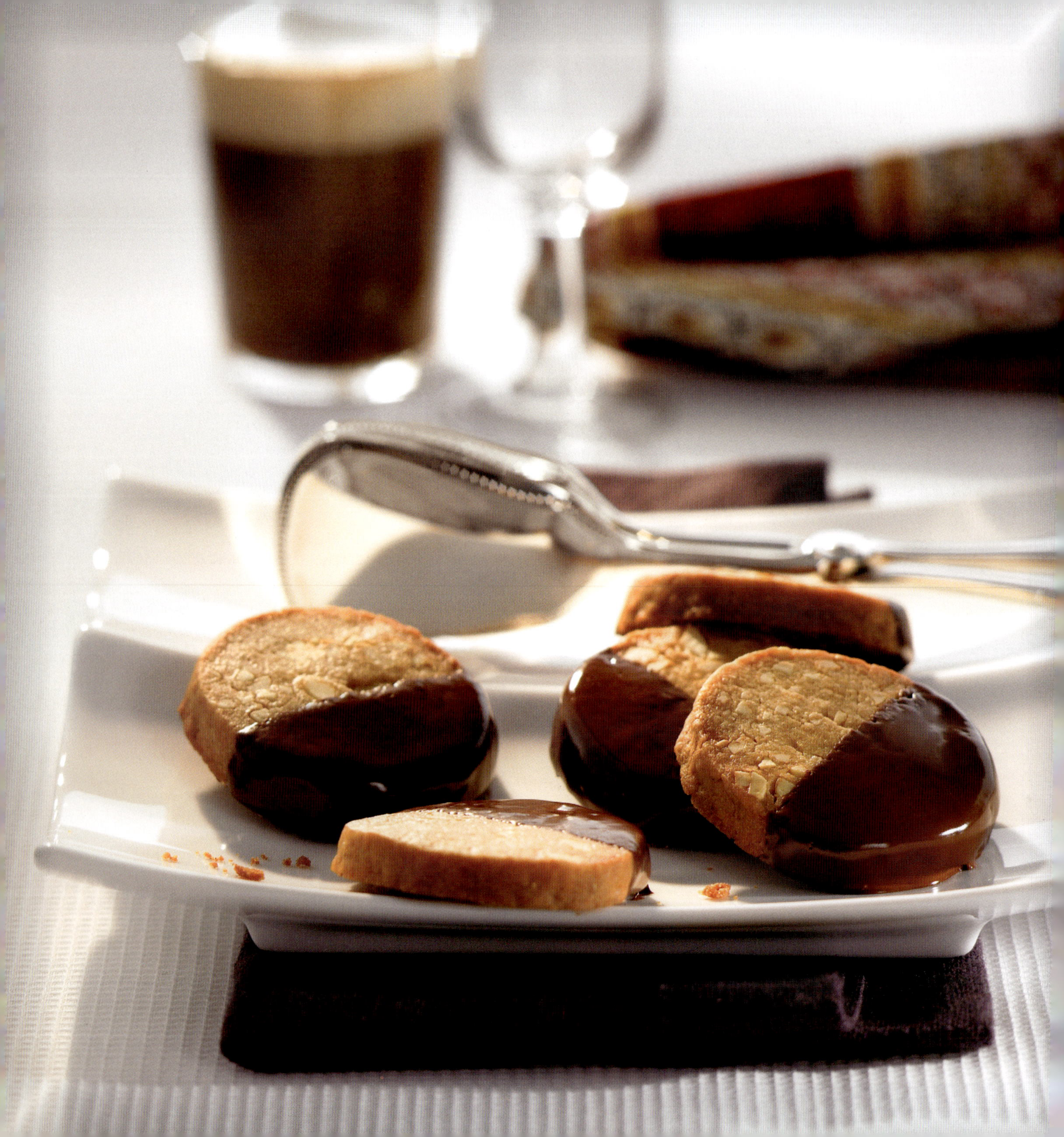

# Gewürzplätzchen
## mit Pecannüssen

1. Orange heiß abwaschen, trocken tupfen und die Schale fein abreiben. Butter, Zucker und Sirup unter Rühren aufkochen. Nüsse fein hacken und unter die Sirupmasse rühren. Abkühlen lassen. Mehl, Gewürze und Orangenschale mischen. In die Sirupmasse geben, erst mit den Knethaken des Handrührgeräts und dann mit kalten Händen schnell darunterkneten. Aus dem Teig eine Rolle von ca. 4 cm Durchmesser formen. In Folie wickeln und über Nacht kalt stellen.

2. Ofen auf 200 °C vorheizen. Ein Backblech mit Backpapier auslegen. Von der Teigrolle ca. ½ cm dicke Scheiben abschneiden und auf das Backblech legen. Die übrige Teigrolle einwickeln und wieder kalt stellen. Kekse im Ofen 8-10 Minuten backen. Den restlichen Teig ebenso in Scheiben schneiden und backen. Anschließend auskühlen lassen.

3. Kuvertüre grob hacken und im heißen Wasserbad schmelzen. Plätzchen zur Hälfte in die Kuvertüre tauchen, abtropfen und auf einem Gitter trocknen lassen.

## ZUTATEN

FÜR ETWA 60 STÜCK
1 unbehandelte Orange
125 g Butter
100 g brauner Zucker
60 g Ahornsirup
100 g Pecannüsse
250 g Mehl
¼ Tl gemahlener Anis
¼ Tl gemahlener Ingwer
¼ Tl gemahlener Kardamom
½ Tl gemahlener Zimt
150-200 g Zartbitterkuvertüre

Zubereitungszeit: ca. 45 Minuten
(plus Kühl- und Backzeit)
Pro Stück ca. 80 kcal/335 kJ

PLÄTZCHEN, STOLLEN & CO.

# Glühweingelee-Gebäck

## ZUTATEN

**FÜR ETWA 40 STÜCK**

**Für den Teig**
125 g Mehl
1 Eigelb
50 g feiner Zucker
1 Prise Salz
100 g weiche Butter

**Für das Glühweingelee**
½ unbehandelte Orange
100 ml Rotwein
50 g Gelierzucker (3:1)
1 Sternanis
1 Zimtstange
1 Nelke

**Außerdem**
Puderzucker zum Bestäuben

1. Alle Zutaten für den Teig miteinander verkneten. Zur Kugel rollen, in Folie wickeln und ca. 30 Minuten kühl stellen.

2. Den Backofen auf 180 °C vorheizen. Den Teig zu etwa 40 gleich großen Kugeln formen und auf mit Backpapier ausgelegte Backbleche legen. Leicht andrücken und in die Mitte jeder Kugel eine Mulde drücken. 10–12 Minuten backen und auf einem Kuchengitter auskühlen lassen.

3. Für das Glühweingelee die Schale der Orange abschälen und die Frucht auspressen. Orangenschale und -saft, Rotwein, Gelierzucker, Sternanis, Zimtstange und Nelke aufkochen und 4 Minuten köcheln lassen. Flüssigkeit abseihen und vorsichtig in die Mulden der Plätzchen gießen. Kühl stellen, bis das Gelee fest geworden ist, dann mit Puderzucker bestäuben.

Zubereitungszeit: ca. 1 Stunde 10 Minuten
(plus Kühl- und Backzeit)
Pro Stück ca. 120 kcal/502 kJ

PLÄTZCHEN, STOLLEN & CO.

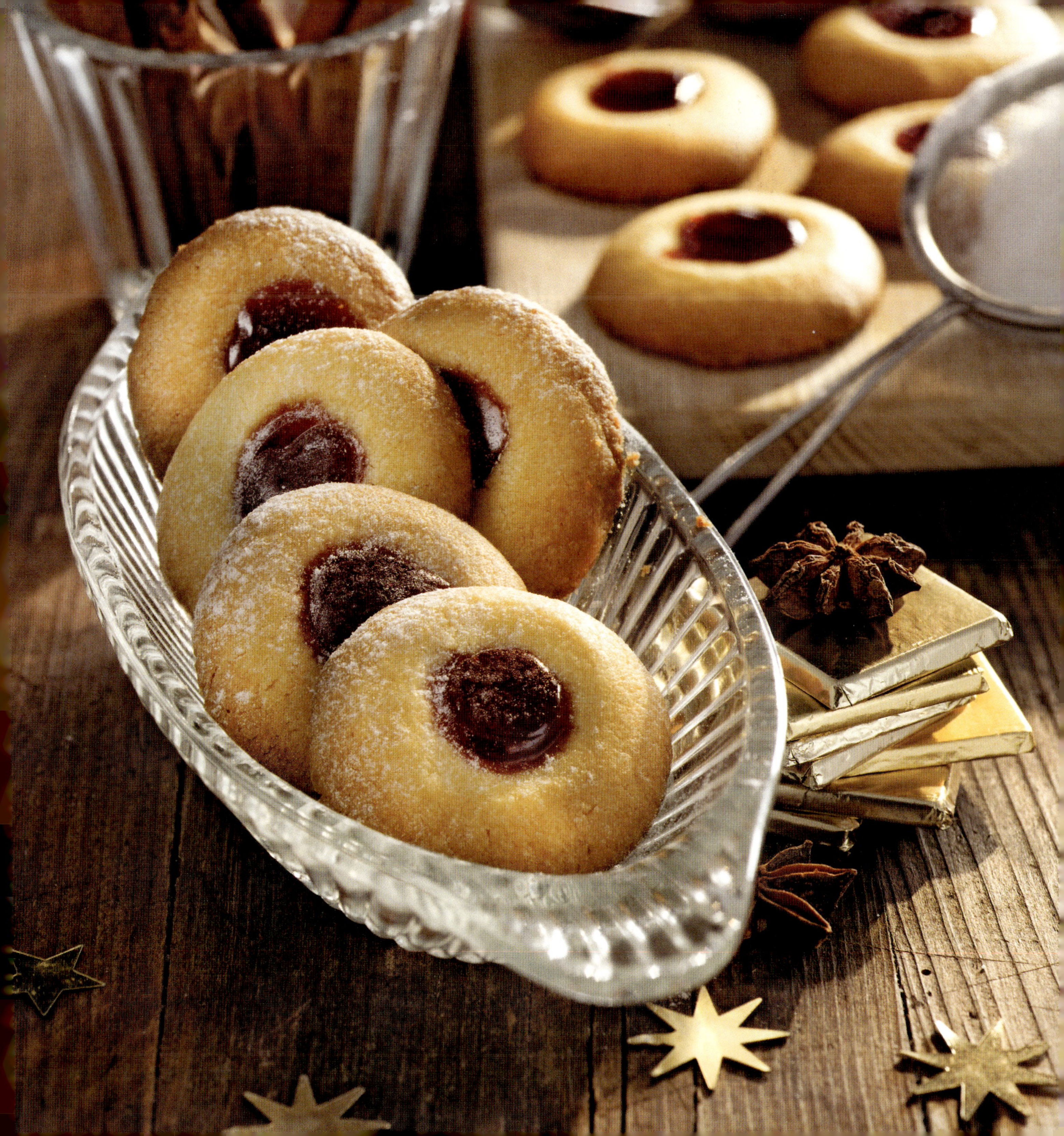

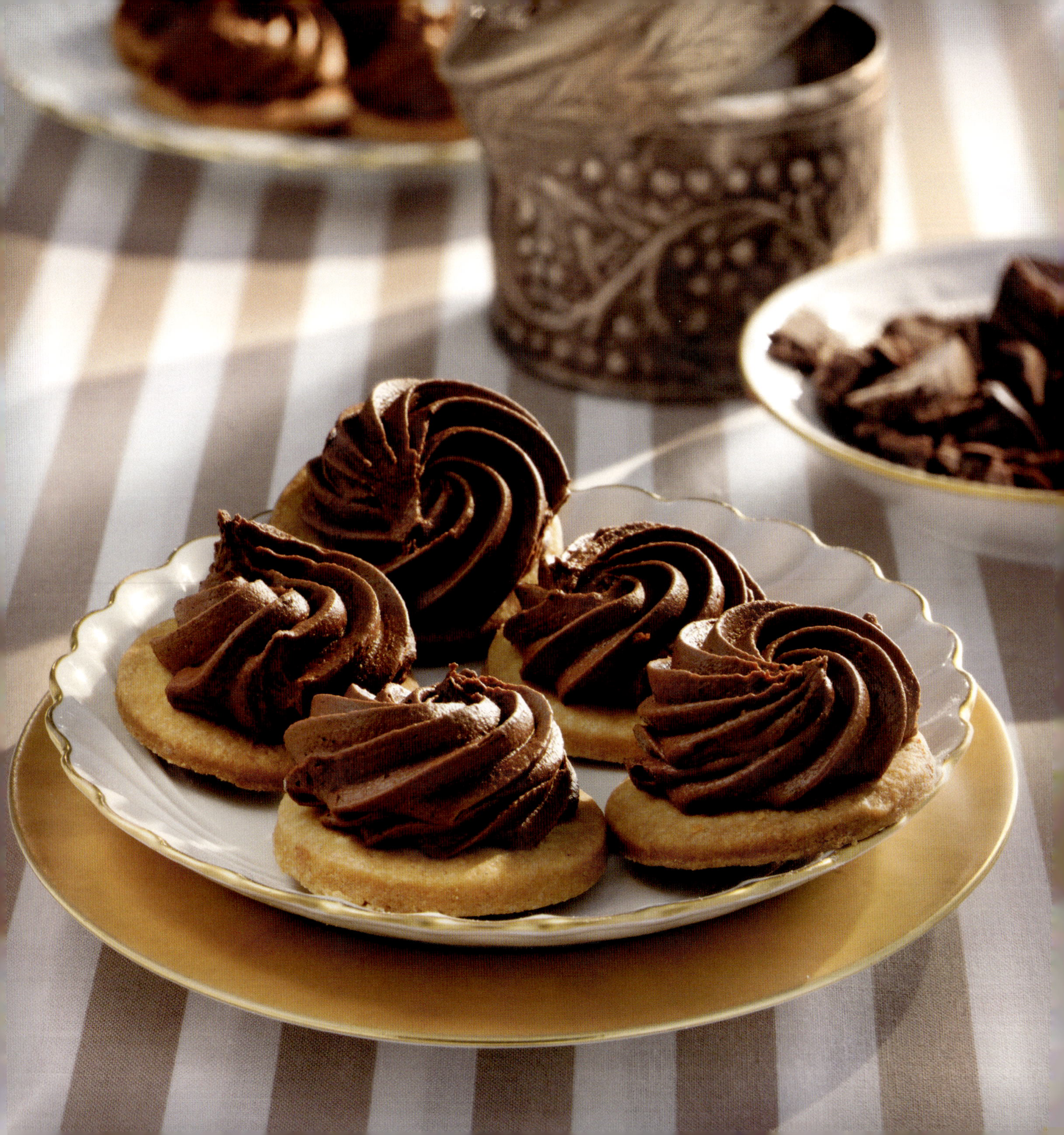

# Schoko-Orangen-
## TÖRTCHEN

1. Das Mehl auf die Arbeitsfläche sieben und eine Mulde hineindrücken. Eigelb, Zucker, Salz, die weiche Butter in kleinen Stücken und das Vanillemark darin verteilen.

2. Alle Zutaten rasch zu einem gleichmäßigen Teig verkneten und zu einer Kugel formen. Dann in Frischhaltefolie wickeln und ca. 30 Minuten im Kühlschrank ruhen lassen.

3. Den Backofen auf 200 °C vorheizen. Auf der leicht bemehlten Arbeitsfläche den Teig etwa 3 mm dick ausrollen. Mit einer runden Ausstechform ca. 40 Plätzchen ausstechen.

4. Die Plätzchen auf mit Backpapier ausgelegte Backbleche legen und 8–10 Minuten backen. Auf einem Kuchengitter auskühlen lassen.

5. Orangensaft und -likör in einem Topf erwärmen und die Schokolade darin unter Rühren schmelzen. Ca. 5 Minuten abkühlen lassen.

6. Die Sahne steif schlagen und in die Schokolade rühren. Die Masse im Kühlschrank erkalten lassen. Schokoladencreme in einen Spritzbeutel mit Sterntülle füllen und als Rosetten auf die Plätzchen spritzen.

## ZUTATEN

**FÜR ETWA 40 STÜCK**

**Für den Teig**
125 g Mehl
1 Eigelb
50 g feiner Zucker
1 Prise Salz
100 g weiche Butter
1 Vanilleschote (Mark)

**Für die Creme**
2 El Orangensaft
4 Tl Orangenlikör
140 g dunkle Schokolade
200 ml Sahne

**Außerdem**
Mehl für die Arbeitsfläche

Zubereitungszeit: ca. 45 Minuten
(plus Kühl- und Backzeit)
Pro Stück ca. 36 kcal/151 kJ

# Marzipanwaffeln

## MIT MOHNSAHNE

### ZUTATEN

**FÜR 4 PORTIONEN**
500 ml Sahne
2 El Mohnback, 170 g Zucker
2 El abgeriebene Schale von
1 unbehandelten Orange
100 g Marzipan-Rohmasse
150 g Butter
3 Eier
250 g Weizenmehl
2 Tl Backpulver
Fett für das Waffeleisen

1. Für die Mohnsahne 400 ml Sahne steif schlagen. Mohnback mit 2 Esslöffeln Zucker verrühren und unter die Sahne heben. Die Hälfte der Orangenschale unterrühren und die Sahne bis zum Verzehr kalt stellen.

2. Für die Waffeln das Marzipan klein schneiden und in eine Rührschüssel geben. Die weiche Butter zugeben und die Zutaten zu einer geschmeidigen Masse verrühren. Restlichen Zucker und restliche Orangenschale zugeben und so lange rühren, bis eine glatte Masse entstanden ist. Eier nach und nach unterrühren. Mehl mit Backpulver mischen und abwechselnd mit der restlichen Sahne unter den Teig arbeiten.

3. Jeweils 2 Esslöffel Teig in ein gut erhitztes, gefettetes Waffeleisen füllen und verstreichen. Die Waffeln goldbraun backen und die Waffeln mit der Mohnsahne servieren.

Zubereitungszeit: ca. 30 Minuten
Pro Portion ca. 1085 kcal/4543 kJ

PLÄTZCHEN, STOLLEN & CO.

# Weihnachtskuchen
## IM GLAS

### ZUTATEN

FÜR 8 GLÄSER JE 250 ML
150 g Zartbitterschokolade
5 Eier
Salz
150 g Marzipan
150 g Butter
100 g Zucker
2 P. Vanillezucker
150 g Mehl
¼ Tl Backpulver
½ Tl Zimt
100 g Amarenakirschen
Butter für die Gläser

Zubereitungszeit: ca. 30 Minuten
(plus Backzeit)
Pro Küchlein ca. 527 kcal/2206 kJ

1. Die Schokolade fein hacken, die Eier trennen. Eiweiße mit 1 Prise Salz steif schlagen und kalt stellen. Ofen auf 180 °C vorheizen.

2. Marzipan fein hacken und mit der Butter, dem Zucker und dem Vanillezucker so lange cremig rühren, bis eine homogene Masse entstanden ist. Nach und nach die Eigelbe unterrühren. Dann Mehl mit Backpulver dazusieben und den Zimt unterrühren.

3. Den Eischnee vorsichtig unter den Teig heben, dann die Amarenakirschen unterheben und die gefetteten Gläser halb voll mit dem Teig füllen. Die offenen Gläser ca. 25 Minuten backen. Sofort nach dem Backen luftdicht verschließen. Die Kuchen halten sich dunkel und kühl gelagert ca. 3 Monate.

PLÄTZCHEN, STOLLEN & CO.

# Mohnstrudel

## ZUTATEN

**FÜR 12 STÜCKE**

100 g Rosinen
50 ml Marsala
300 ml Milch
350 g gem. Mohn
100 g Zucker
100 g Mandelstifte
150 g Butter
360 g FP-Strudelteig
1 Ei
1 Prise Salz
Puderzucker zum Bestäuben

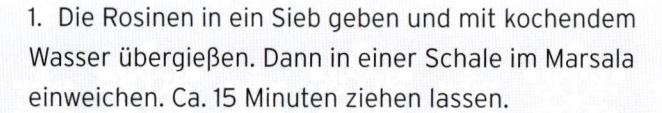

Zubereitungszeit: ca. 30 Minuten (plus Backzeit)
Pro Stück ca. 500 kcal/2093 kJ

1. Die Rosinen in ein Sieb geben und mit kochendem Wasser übergießen. Dann in einer Schale im Marsala einweichen. Ca. 15 Minuten ziehen lassen.

2. Die Milch in einem Topf unter Rühren aufkochen. Mohn, Zucker und Mandelstifte mit einem Kochlöffel darunterrühren. Unter ständigem Rühren aufkochen lassen, bis ein dicker Brei entsteht, dann den Topf vom Herd nehmen. Die Rosinen unterheben. Alles erkalten lassen.

3. Backofen auf 220 °C vorheizen. Ein Backblech mit Backpapier auslegen. Die Butter zerlassen. Die Teigblätter auf zwei Küchentüchern zu zwei Stapeln übereinanderlegen, dabei jedes Blatt dünn mit Butter bepinseln. Das Ei trennen. Eigelb unter die Mohnmasse rühren. Eiweiß mit Salz steif schlagen und unterheben. Die Mohnmasse auf die beiden Teigstapel verteilen, dabei einen kleinen Rand frei lassen.

4. Die Seitenränder einschlagen und die Strudel mithilfe der Küchentücher aufrollen. Mit der Naht nach unten auf das Backblech gleiten lassen. Mit weiterer zerlassener Butter bepinseln und alles ca. 30 Minuten backen. Nach der Hälfte der Backzeit nochmals mit Butter bepinseln, dann herausnehmen, abkühlen lassen und dick mit Puderzucker bestäubt servieren.

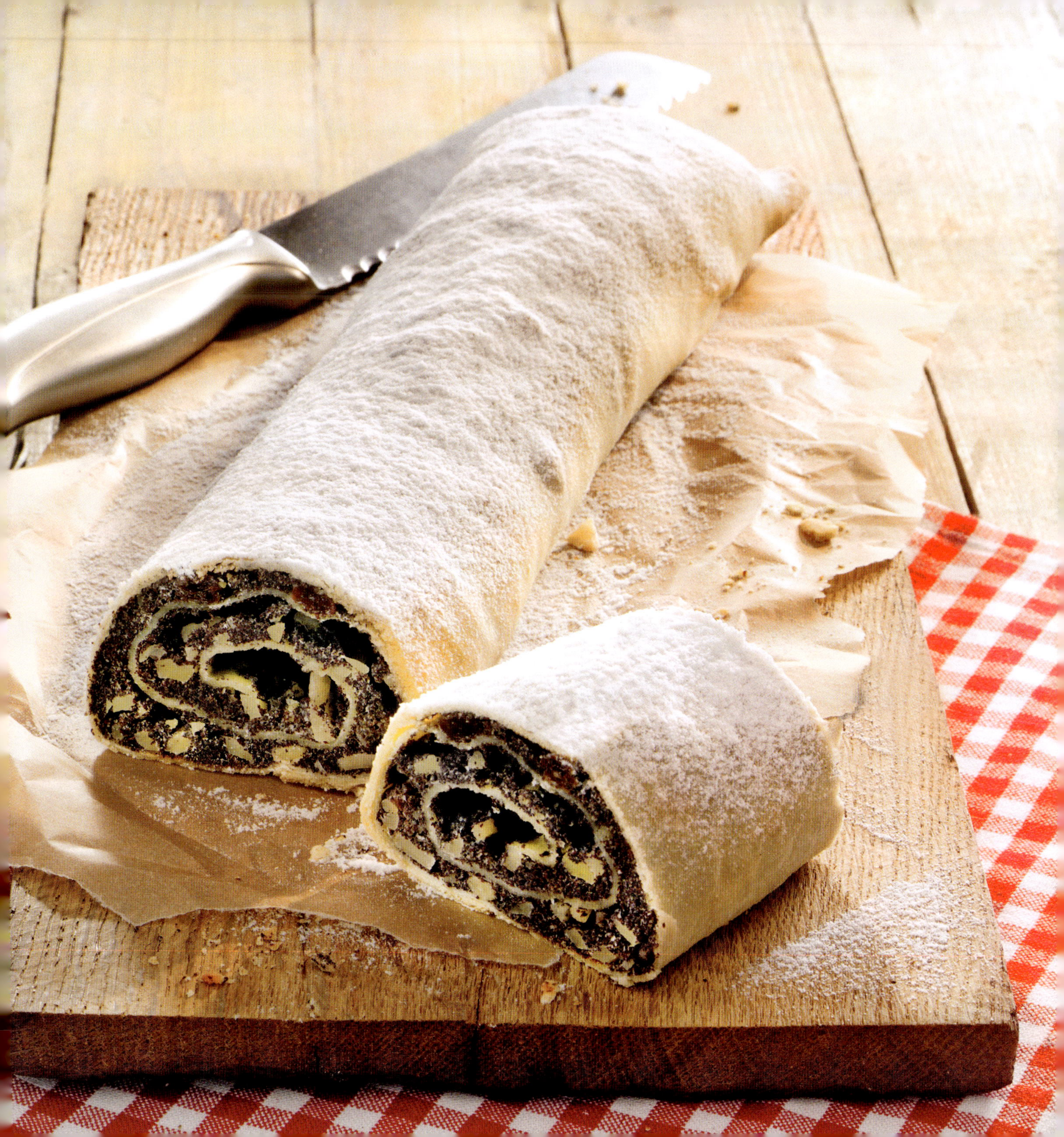

# Panettone

## ZUTATEN

**FÜR 12 STÜCKE**

**Für den Teig**
220 ml Milch
1 Würfel Hefe (42 g)
100 g Zucker
500 g Mehl (Type 550)
100 g Butter
1 Ei
2 Eigelb
1 Prise Salz
je 20 g Orangeat und Zitronat
80 g Rosinen

**Außerdem**
Mehl für die Arbeitsfläche
Butter für die Form und zum Bestreichen

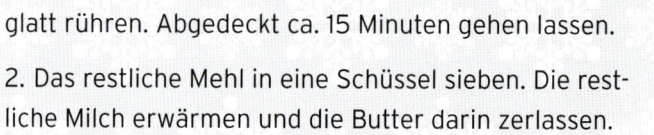

1. 7 Esslöffel Milch leicht erwärmen. Die Hefe hineinbröckeln und alles mit 1 Teelöffel Zucker und 1 Esslöffel Mehl glatt rühren. Abgedeckt ca. 15 Minuten gehen lassen.

2. Das restliche Mehl in eine Schüssel sieben. Die restliche Milch erwärmen und die Butter darin zerlassen. Restlichen Zucker und das Salz zum Mehl geben. Die lauwarme Milchmischung, Ei, Eigelbe und den Vorteig ebenfalls hinzugeben. Alles zusammen mit Orangeat, Zitronat und den Rosinen verkneten. Abdecken und an einem warmen Ort ca. 1 Stunde gehen lassen.

3. Eine Panettone-Form einbuttern, den Formenrand mit Backpapier auskleiden. Den Teig nochmals kräftig durchkneten, in die Form geben, dann ca. 45 weitere Minuten abgedeckt in der Form gehen lassen.

4. Den Backofen auf 190 °C vorheizen. Die Butter zum Bespinseln zerlassen. Den Panettone mit einem scharfen Messer oben kreuzweise einritzen, dann mit Butter bepinseln und ca. 40 Minuten auf der mittleren Schiene backen. Ca. 20 Minuten in der Form abkühlen lassen, dann stürzen und sofort wieder umdrehen. Auf einem Kuchengitter vollständig abkühlen lassen. Dabei das Backpapier nicht entfernen.

Zubereitungszeit: ca. 30 Minuten
(plus Zeit zum Gehen, Backen und Abkühlen)
Pro Stück ca. 300 kcal/1256 kJ

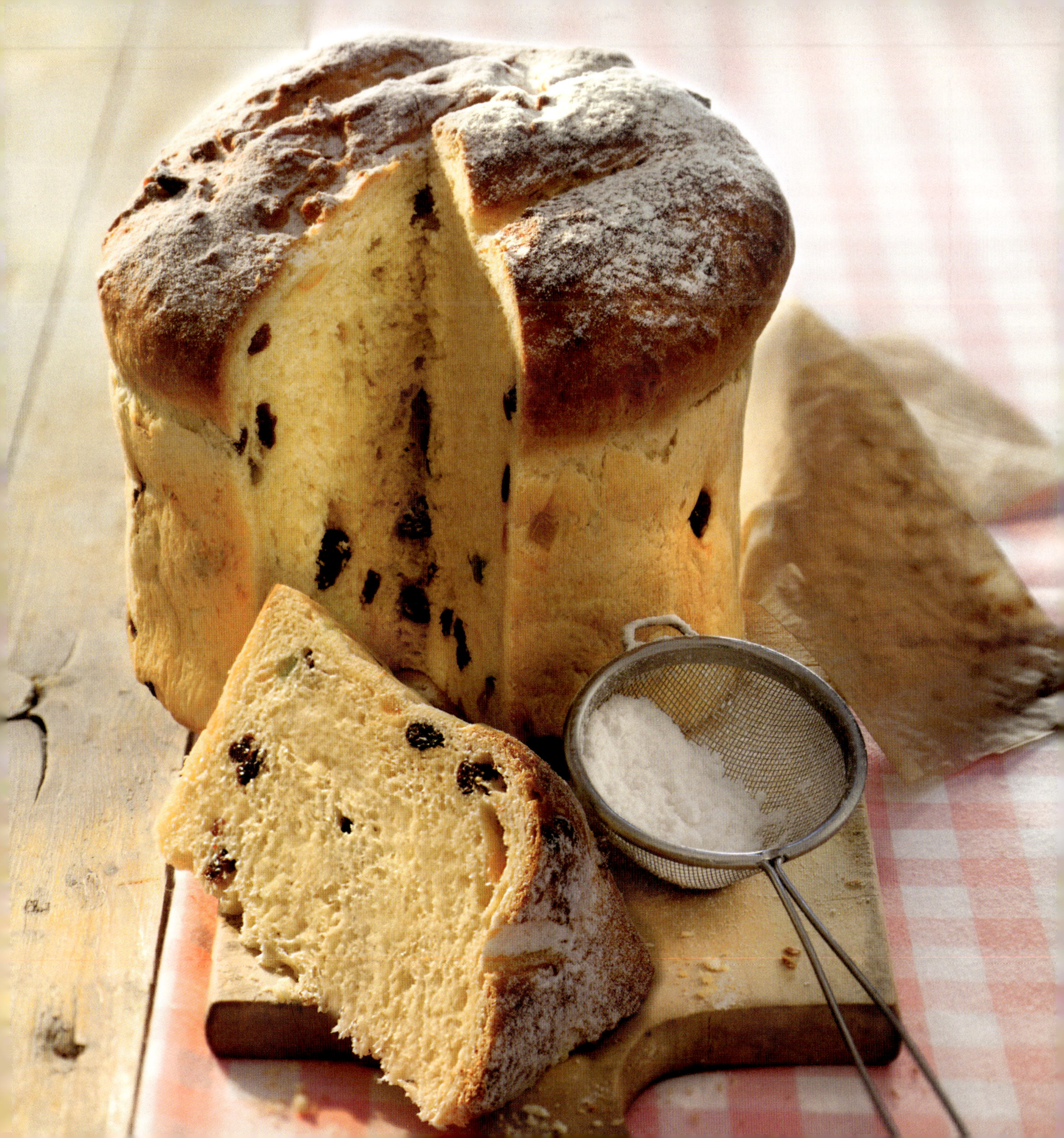

# Zimt-Muffins

## ZUTATEN

FÜR 12 STÜCK
50 g Haselnüsse
145 g weiche Butter
150 g brauner Zucker
1 P. Vanillezucker
2 Tl Zimt
1 Tl gemahlener Ingwer
Salz
2 Eier
250 g Mehl
2 Tl Backpulver
250 g Buttermilch
10 g Puderzucker-Zimt-Mischung
zum Bestäuben
½ Tl Backpulver
einige getrocknete Datteln

Zubereitungszeit: ca. 45 Minuten
(plus Backzeit)
Pro Stück ca. 260 kcal/1089 kJ

1. Ofen auf 200 °C vorheizen. Haselnüsse grob hacken. In einer Pfanne ohne Fett leicht anrösten. 125 g Butter, Zucker, Vanillezucker, Zimt, Ingwer und eine Prise Salz cremig rühren. Eier nacheinander unterrühren. Mehl und Backpulver mischen und im Wechsel mit der Buttermilch in 2-3 Portionen unterrühren. Zum Schluss die gerösteten Haselnüsse unter den Teig mengen.

2. Je 1 Papierbackförmchen in die 12 Mulden eines Muffinblechs setzen. Teig in die Förmchen füllen, und im vorgeheizten Backofen 25-30 Minuten backen. Restliche Butter schmelzen, die Muffins damit bestreichen und etwas Zimtzucker darüberstreuen.

3. 5-10 Minuten im Blech abkühlen lassen, dann aus den Mulden nehmen und vollständig abkühlen lassen.

# Stollen-Muffins

1. Datteln und Feigen putzen und grob würfeln. 200 g Butter, 1 Prise Salz, Zucker und Vanillezucker mit den Schneebesen des Handrührgeräts cremig rühren. Eier nach und nach unterrühren. Mehl, Backpulver und Gewürze mischen und im Wechsel mit der Milch unterrühren. Dattel- und Feigenwürfel, Rosinen und Mandelstifte unterheben. Ofen auf 175 °C vorheizen.

2. Papierförmchen in ein Muffinblech (mit 12 Mulden) setzen und den Teig gleichmäßig einfüllen. Im vorgeheizten Ofen 25–30 Minuten backen.

3. Restliche Butter schmelzen und die noch heißen Muffins damit bestreichen. Mit der Hälfte des Puderzuckers bestäuben. Auskühlen lassen. Dann die Muffins mit dem Rest Puderzucker bestäuben und servieren.

## Zutaten

**FÜR 12 STÜCK**

je 100 g getr. Datteln und Feigen
250 g weiche Butter
Salz, 150 g brauner Zucker
1 P. Vanillezucker, 3 Eier
250 g Mehl, 3 Tl Backpulver
1 Tl Zimt
2 Tl Christstollen-Gewürz
100 ml Milch
100 g Rosinen
100 g Mandelstifte
100 g Puderzucker zum Bestäuben

Zubereitungszeit: ca. 30 Minuten (plus Backzeit)
Pro Stück ca. 390 kcal/1633 kJ

PLÄTZCHEN, STOLLEN & CO.

# Christstollen

## ZUTATEN

**FÜR ETWA 20 STÜCKE**

**Für den Teig**
185 ml Milch
1 Würfel Hefe (42 g)
100 g Zucker
500 g Mehl (Type 550)
1 Prise Salz
1 zimmerwarmes Ei
250 g Butter
1 Msp. Zimt
1 Msp. Kardamom
150 g Rosinen
60 ml Rum
100 g gehackte Mandeln
50 g Zitronat
50 g Orangeat

**Außerdem**
Mehl für die Arbeitsfläche
50 g Butter zum Bestreichen
Puderzucker zum Bestäuben

Zubereitungszeit: ca. 45 Minuten
(plus Zeit zum Gehen, Backen und Ziehen)
Pro Stück ca. 151 kcal/632 kJ

1. Die Milch lauwarm erwärmen. Die Hefe hineinbröckeln und mit 1 Teelöffel Zucker und 4 Esslöffeln Mehl glatt verrühren. Abdecken und ca. 30 Minuten ruhen lassen.

2. Das restliche Mehl in eine Schüssel sieben. Mit restlichem Zucker und Salz verrühren. Das Ei hinzugeben. Die Butter zerlassen und lauwarm dazugießen. Die Hefemischung mit Zimt und Kardamom dazugeben und alles verkneten. Die Schüssel abgedeckt an einem warmen Ort ca. 1 Stunde gehen lassen.

3. Die Rosinen überbrühen. Dann ca. 30 Minuten in Rum einweichen. Abtropfen lassen. Den Teig durchkneten und auf einer bemehlten Arbeitsfläche ca. 2 cm dick ausrollen. Mandeln, Zitronat, Orangeat und Rosinen darauf verteilen und den Teig aufrollen. Kurz durchkneten, zu einem Laib formen und ca. 20 Minuten ruhen lassen.

4. Für die typische Stollenform den Teig mit dem Nudelholz längs eindrücken. Die eine Hälfte etwas versetzt auf die andere klappen. Das mittlere Teigstück zu einer Wulst formen. Den Stollen abdecken und ca. 2 weitere Stunden gehen lassen. Den Backofen auf 180 °C vorheizen, den Stollen auf der mittleren Schiene ca. 60 Minuten auf einem mit Backpapier belegten Backblech backen.

5. Die Butter zum Bestreichen zerlassen und den noch warmen Stollen damit bepinseln. Mit reichlich Puderzucker bestäuben und mindestens 1 Woche ziehen lassen.

PLÄTZCHEN, STOLLEN & CO.

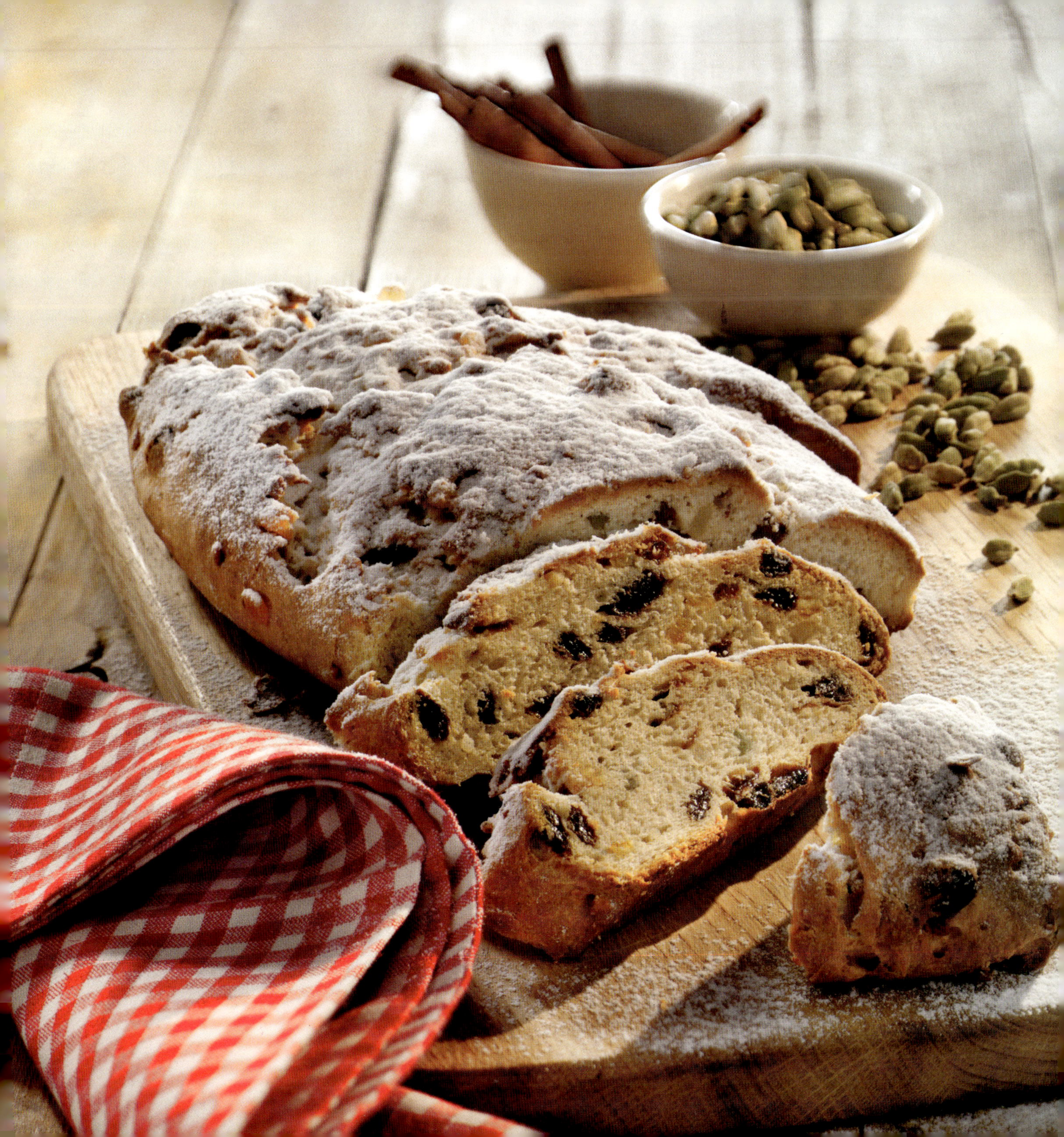

# Rum-Kugeln
## mit Mascarpone

### ZUTATEN

**FÜR ETWA 50 STÜCK**
100 g gemahlene Haselnüsse
200 g Kokosraspeln
80 g Puderzucker
80 g zimmerwarme Butter
2 El Vanillezucker
120 g Vollmilchkuvertüre
80 g Mascarpone
80 ml Rum
ca. 50 Pralinenförmchen

1. Die gemahlenen Haselnüsse mit der Hälfte der Kokosraspeln in einer Pfanne ohne Fett rösten, bis sie anfangen zu duften. Anschließend vom Herd nehmen und auskühlen lassen. Den Puderzucker mit der Butter und dem Vanillezucker mit dem Handrührgerät ca. 10 Minuten cremig rühren.

2. Die Vollmilchkuvertüre im Wasserbad schmelzen, dann vom Herd nehmen und den Mascarpone unterrühren. Den Schokoladen-Mascarpone zusammen mit dem Rum und den gerösteten Haselnüssen und Kokosraspeln in die Buttermischung geben und gut vermengen. Die Masse kalt stellen, bis sie völlig abgekühlt ist.

3. Von der Mischung löffelweise Nocken abstechen, diese zu Kugeln formen und die Kugeln in den restlichen Kokosraspeln wälzen. In Pralinenförmchen setzen und kühl und dunkel lagern.

Zubereitungszeit: ca. 40 Minuten
(plus Abkühlzeit)
Pro Stück ca. 79 kcal/330 kJ

# Buttertrüffel

## ZUTATEN

FÜR ETWA 20 STÜCK
100 g Zartbitterkuvertüre
50 g Vollmilchschokolade
75 ml Sahne
30 g Butter
¼ Tl gemahlener Zimt
30 g Kakaopulver zum Wälzen

Zubereitungszeit: ca. 30 Minuten
(plus Kühlzeit)
Pro Portion ca. 68 kcal/284 kJ

1. Ein Backblech mit Backpapier belegen. Kuvertüre und Schokolade fein hacken. Sahne in einem Topf aufkochen und Kuvertüre und Schokolade unterrühren. Unter Rühren darin schmelzen lassen. Die Masse etwas abkühlen lassen (sie sollte noch nicht fest sein).

2. Butter und Zimt cremig rühren und die Schokosahne unterrühren. In einen Spritzbeutel füllen und walnussgroße Tupfen aufs Backblech spritzen. Abgedeckt über Nacht kalt stellen.

3. Die Tupfen im Kakaopulver wälzen und bis zum Servieren kühl stellen.

**TIPP**
Den Zimt durch Espressopulver oder Orangenschale ersetzen.

PRALINEN, BONBONS & CO.

# Whiskey-Sahne-
## FUDGE

### ZUTATEN

FÜR ETWA 45 STÜCK
400 g Vollmilchschokolade
100 g weiße Schokolade
30 g Butter
175 g Puderzucker
100 ml Whiskey-Sahnelikör
100 g gehackte Mandeln
Butter für die Form

1. Eine kleine viereckige Form (ca. 22 x 14 cm) mit etwas Butter ausstreichen.

2. Beide Schokoladensorten in Stücke brechen und zusammen mit der Butter unter gelegentlichem Rühren auf niedriger Temperatur in einem Topf schmelzen lassen. Puderzucker und Likör unterrühren. Zum Schluss die gehackten Mandeln unter den Fudge rühren.

3. Die Masse in die Form füllen, glatt streichen und im Kühlschrank 60-90 Minuten fest werden lassen. Mit einem Messer ringsum lösen und die Fudgemasse stürzen. In kleine Würfel schneiden und nach Belieben z. B. in kleinen Pralinenpapierförmchen servieren.

Zubereitungszeit: ca. 20 Minuten (plus Kühlzeit)
Pro Stück ca. 100 kcal/420 kJ

### TIPP

Statt der gehackten Mandeln Walnüsse, Haselnüsse oder Pinienkerne verwenden.

PRALINEN, BONBONS & CO.

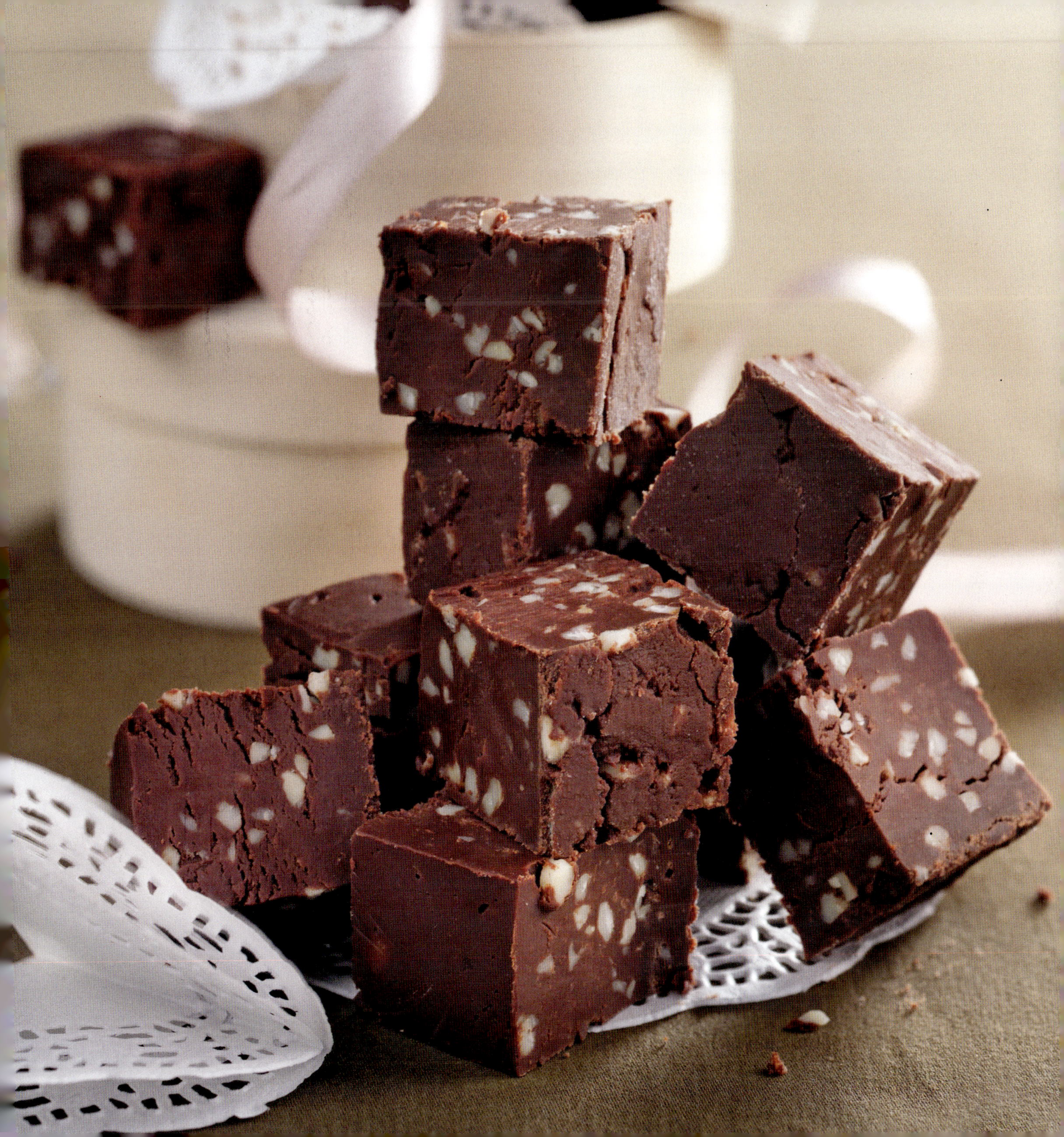

# Rote-Grütze-
## HÄPPCHEN

### ZUTATEN

**FÜR ETWA 40 STÜCK**
400 g Zucker
1 P. Rote Grütze mit Himbeergeschmack
50 g Maisstärke
Kokosraspel zum Wälzen
Öl für die Form

Zubereitungszeit: ca. 15 Minuten
(plus Koch- und Kühlzeit)
Pro Stück ca. 54 kcal/225 kJ

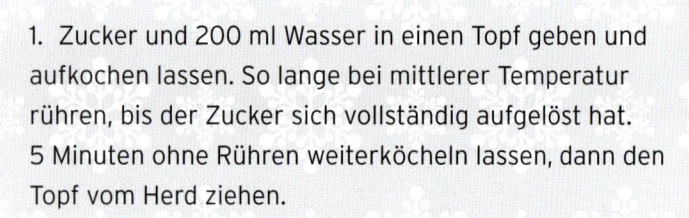

1. Zucker und 200 ml Wasser in einen Topf geben und aufkochen lassen. So lange bei mittlerer Temperatur rühren, bis der Zucker sich vollständig aufgelöst hat. 5 Minuten ohne Rühren weiterköcheln lassen, dann den Topf vom Herd ziehen.

2. Rote-Grütze-Pulver und Maisstärke mit 10 Esslöffeln Wasser glatt verrühren. In einen zweiten Topf 200 ml Wasser gießen und aufkochen lassen. Topf vom Herd ziehen und das angerührte Rote-Grütze-Pulver unterrühren. Topf wieder auf den Herd stellen und bei schwacher Hitze rühren, bis das Ganze eindickt. Topf wieder vom Herd nehmen und weiterrühren, bis eine dickliche, homogene Masse entstanden ist.

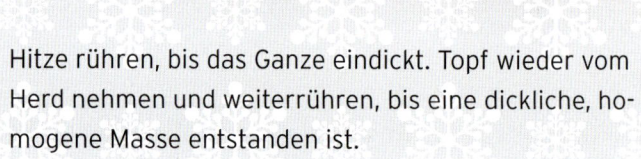

3. Portionsweise den Zuckersirup einrühren. Dann erneut aufkochen lassen. Anschließend ca. 50 Minuten leise köcheln lassen, ab und zu umrühren. Die Masse in eine kleine, eingeölte Form gießen und 6–8 Stunden kalt stellen. Das Ganze stürzen und in Würfel schneiden. Die Würfel in Kokosraspeln wälzen.

PRALINEN, BONBONS & CO.

# Honig-Minz-Bonbons

1. Ein großes Stück Backpapier dünn mit Öl bepinseln und auf ein Backblech legen.

2. Zucker, Honig und 60 ml Wasser in einen Topf geben und bei mittlerer Hitze so lange unter Rühren kochen, bis das Wasser in etwa wieder verdunstet ist und der Zucker karamellisiert. Sobald eine cremige Masse entstanden ist, den Topf vom Herd ziehen.

3. Das Minzöl unterrühren und die Masse sofort auf das Backblech gießen. Einige Minuten abkühlen lassen, dann mit einem Messer durch die Masse ziehen. Vollständig abkühlen lassen und an den Kerben auseinanderbrechen.

## ZUTATEN

**FÜR ETWA 40 STÜCK**
150 g Zucker
50 ml flüssiger Honig
3-4 Tropfen Minzöl
Öl für das Backpapier

## TIPP

Alternativ Eukalyptusöl, Mandarinenöl oder Salbeiöl verwenden. Ist die Masse weitgehend abgekühlt, aber noch formbar, können die Bonbons auch mit einer Schere geschnitten werden. Alternativ eine Bonbonform verwenden.

Zubereitungszeit: ca. 20 Minuten
(plus Abkühlzeit)
Pro Stück ca. 20 kcal/84 kJ

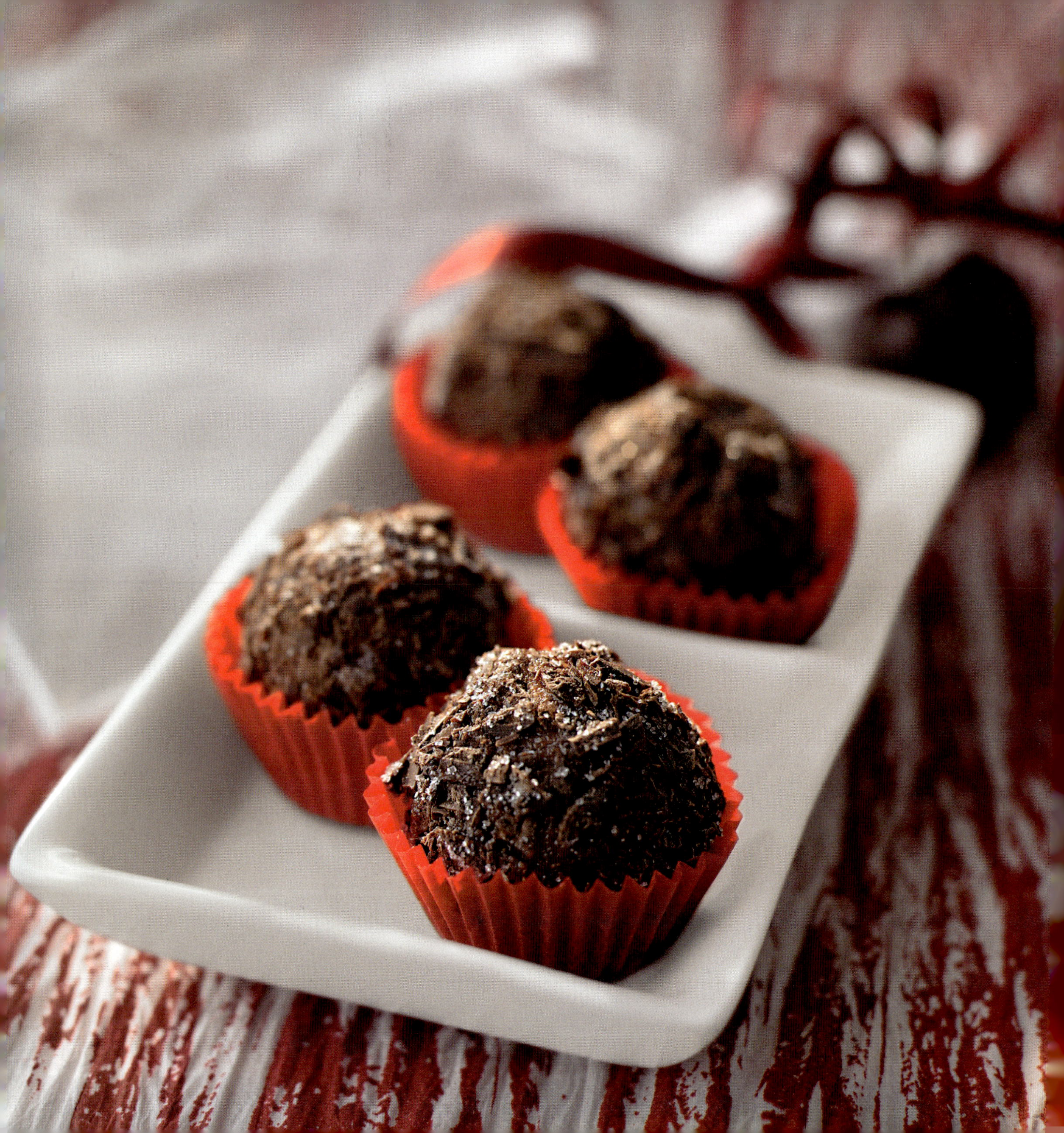

# Kirschtrüffel

1. Zartbitter- und Vollmilchkuvertüre zerkleinern und im Wasserbad schmelzen. Die Sahne aufkochen und zu der geschmolzenen Kuvertüre gießen, dann das Kirschwasser einrühren.

2. Die Masse etwas abkühlen lassen, durchrühren und dann in einen Spritzbeutel mit Lochtülle füllen. Kleine Tupfen auf Backpapier spritzen und die Masse im Kühlschrank vollständig erstarren lassen.

3. Die dunkle Kuvertüre raspeln. Die Trüffel darin wälzen, dabei rund rollen. Dann in Zucker rollen und in Pralinenförmchen setzen. Kühl und dunkel lagern.

## ZUTATEN

FÜR ETWA 60 STÜCK
360 g Zartbitterkuvertüre
180 g Vollmilchkuvertüre
100 ml Sahne
100 ml Kirschwasser
ca. 100 g dunkle Kuvertüre und Zucker zum Rollen
ca. 60 Pralinenförmchen

**TIPP**
Für eine alkoholfreie Variante ersetzen Sie das Kirschwasser durch Kirschsirup.

Zubereitungszeit: ca. 20 Minuten (plus Abkühlzeit)
Pro Stück ca. 63 kcal/266 kJ

PRALINEN, BONBONS & CO.

# Kaffee-Bonbons

## ZUTATEN

**FÜR ETWA 100 STÜCK**
400 ml Sahne
200 g Zucker
1 P. Vanillezucker
2 El Instant-Espressopulver
4 El gesiebter Puderzucker
Öl für die Form

1. Eine viereckige flache Auflaufform mit Öl fetten. Sahne, Zucker und Vanillezucker in einen Topf geben und verrühren. Bei mittlerer Hitze aufkochen und unter Rühren köcheln, bis die Masse hellbraun ist und dicklich wird. Espressopulver unterrühren.

2. Die Masse unter Rühren 5 Minuten weiterköcheln, dann den Puderzucker unterrühren. Die Masse in die Auflaufform geben und vollständig abkühlen lassen.

3. Die Masse stürzen und danach in kleine Quadrate oder Rauten schneiden.

Zubereitungszeit: ca. 15 Minuten (plus Abkühlzeit)
Pro Stück ca. 160 kcal/670 kJ

## TIPP

Für Kinder kann das Espressopulver durch Kakaopulver ersetzt werden.

PRALINEN, BONBONS & CO.

# Marshmallow-
## KONFEKT

### ZUTATEN

**FÜR ETWA 50 STÜCK**
100 g weiße Marshmallows
150 g Walnusskerne
400 g Zartbitterkuvertüre
200 g Nussnougat
125 g Butter

Zubereitungszeit: ca. 20 Minuten
(plus Kühlzeit)
Pro Stück ca. 103 kcal/432 kJ

1. Eine eckige Form (ca. 15 x 25 cm) mit Folie auslegen. Marshmallows in Stücke schneiden, Nüsse hacken und Kuvertüre klein brechen. Nougat und Butter würfeln.

2. Kuvertüre, Nougat und Butter unter Rühren im heißen Wasserbad schmelzen. Nüsse und Marshmallows unterheben. Das Ganze in die Form geben und ca. 4 Stunden kalt stellen. Schokokonfekt in Würfel schneiden und dekorativ verpacken.

PRALINEN, BONBONS & CO.

# Zimt-Schoko- Stangen

## ZUTATEN

**FÜR ETWA 20 STÜCK**
100 ml Sahne
200 g Vollmilchkuvertüre
25 g Butter
1 Tl gemahlener Zimt
Puderzucker zum Wälzen

1. Die Sahne in einen Topf gießen und aufkochen lassen. Kuvertüre fein hacken und mit Butter und Zimt zur Sahne geben. Kuvertüre unter Rühren darin auflösen. Wenn die Masse glatt ist, den Topf vom Herd ziehen und die Masse abkühlen lassen.

2. Die halbfeste Masse cremig aufschlagen und dann in einen Spritzbeutel mit Lochtülle geben. Jeweils 3 cm lange Stangen auf ein Stück Backpapier spritzen und ca. 1 Stunde kalt stellen. Alternativ die Masse in eine flache Form gießen und nach dem Erkalten in Stangen schneiden.

3. Die Stangen in Puderzucker wälzen und dekorativ anrichten.

## TIPP

Alternativ für Kinder die Stangen mit geschmolzener weißer Schokolade glasieren und mit z. B. bunten Schokostreuseln bestreuen.

Zubereitungszeit: ca. 25 Minuten (plus Abkühl- und Kühlzeit)
Pro Stück ca. 83 kcal/333 kJ

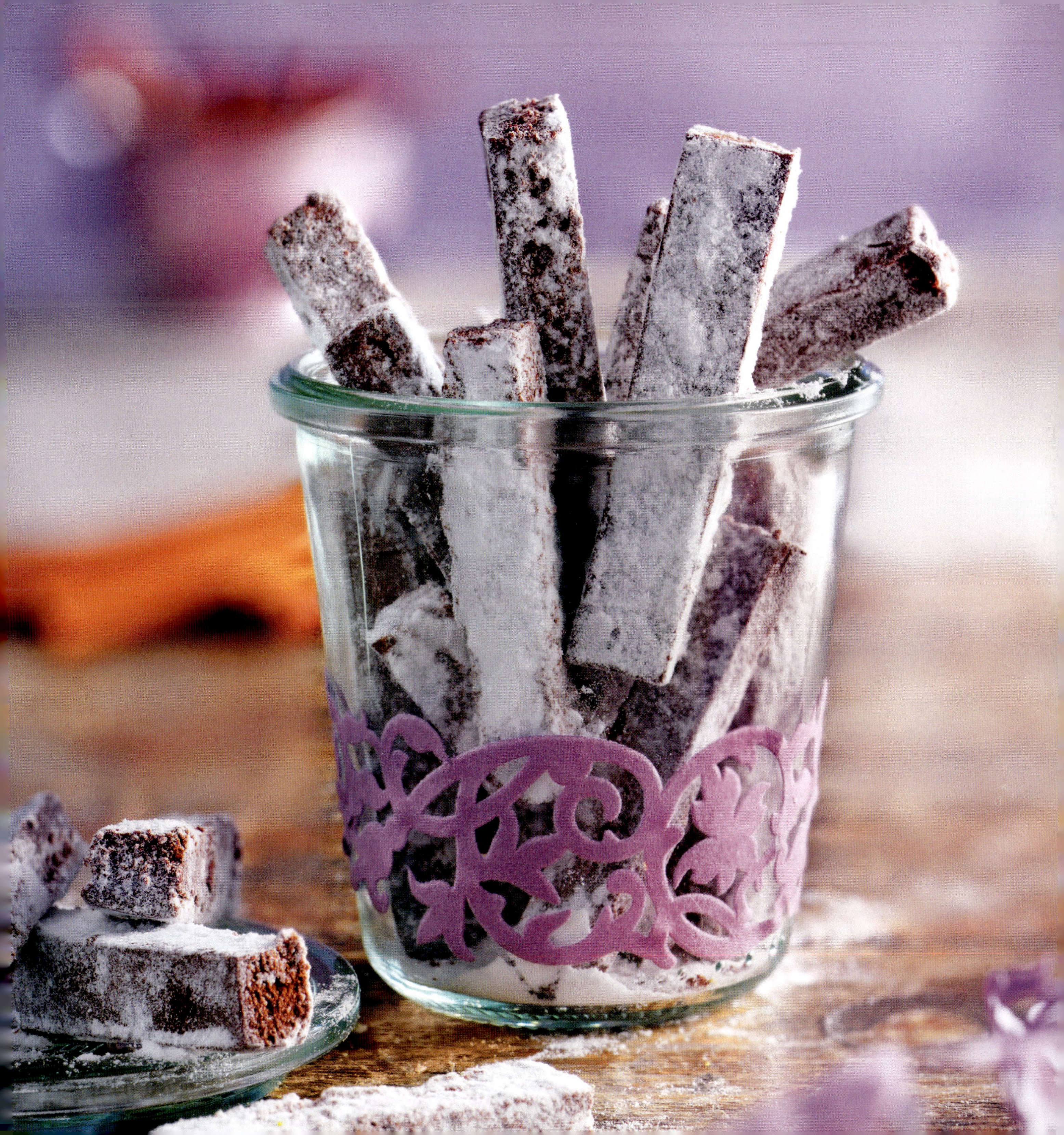

# Schoko-Bonbons

## ZUTATEN

**FÜR ETWA 70 STÜCK**
200 g Zartbitterschokolade
100 g Vollmilchschokolade
90 ml Honig
50 g Butter
1 El Zucker
Butter für das Backblech

1. Ein Backblech mit Butter bestreichen. Die Schokolade grob raspeln und in einen Topf geben. Honig, Butter und Zucker zugeben und das Ganze unter Rühren erhitzen, bis die Zutaten geschmolzen sind.

2. Die Masse auf das Backblech geben und verstreichen. Etwas fest werden lassen, dann Stücke in der Größe von Bonbons vorschneiden. Abkühlen lassen und die Platte auseinanderbrechen.

Zubereitungszeit: ca. 15 Minuten
(plus Abkühlzeit)
Pro Stück ca. 32 kcal/128 kJ

## TIPP

Die Platte vor dem Erkalten mit Mandelstiften oder gehackten Pekannüssen bestreuen. Je nach Vorliebe und Geschmack können Sie für die Schoko-Bonbons nur eine Schokoladensorte verwenden. Gut schmecken sie auch, wenn sie aus weißer Schokolade zubereitet werden. Zur Abwechslung können dann einige gehackte Nüsse oder Mandeln unter die Masse gerührt werden.

PRALINEN, BONBONS & CO.

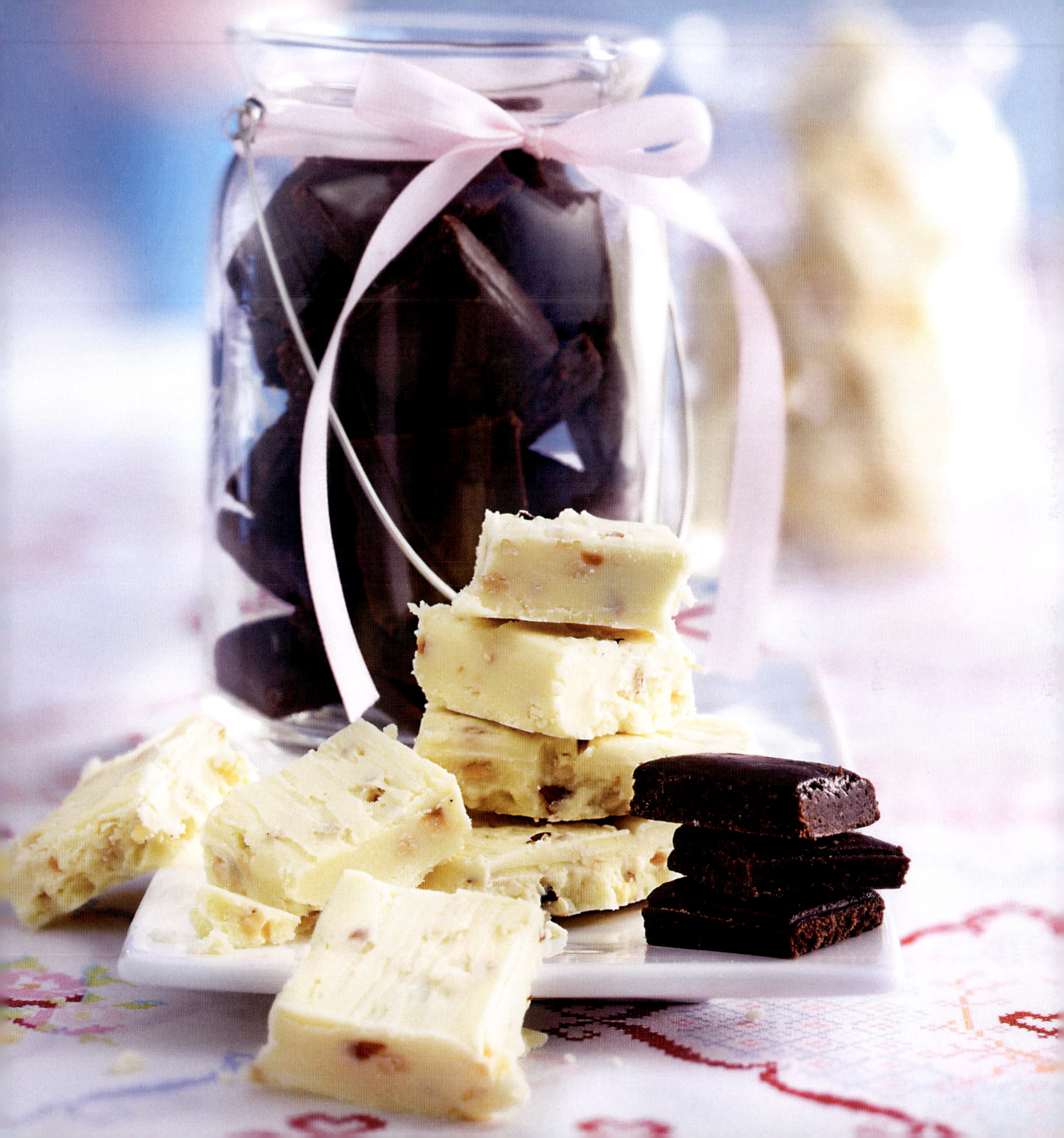

# Butter-Vanille-Trüffel

## ZUTATEN

**FÜR ETWA 70 STÜCK**

2 Vanilleschoten
250 g weiche Butter
80 g Kokosfett
100 g Puderzucker
250 g weiße Kuvertüre
600 g Vollmilchkuvertüre
500 g Zucker oder Puderzucker
ca. 70 Pralinenförmchen

Zubereitungszeit: ca. 30 Minuten
(plus Kühlzeit)
Pro Stück ca. 136 kcal/569 kJ

1. Die Vanilleschoten längs aufschneiden und das Mark herauskratzen. Vanillemark mit der Butter, dem zimmerwarmen Kokosfett und dem Puderzucker mindestens 10 Minuten lang schaumig schlagen.

2. Die weiße Kuvertüre im Wasserbad schmelzen und wieder abkühlen lassen. Die abgekühlte, aber noch weiche Kuvertüre unter die Buttermasse rühren.

3. Die Trüffelmasse in einen Spritzbeutel mit Lochtülle füllen und Kugeln auf ein mit Backpapier ausgelegtes Backblech setzen. Mit Frischhaltefolie abdecken und über Nacht kalt stellen.

4. Die Vollmilchkuvertüre zerlassen und die Trüffel damit überziehen. Auf einem Gitter abtropfen lassen, dann in Zucker rollen und aushärten lassen. Kühl aufbewahren.

PRALINEN, BONBONS & CO.

# Kaffee-Marzipan-Pralinés

1. Die Marzipanrohmasse mit den Walnüssen verkneten und so viel Kaffeelikör hinzugießen, dass die Masse cremig genug ist, um sie durch einen Spritzbeutel spritzen zu können. Ist die Masse zu flüssig geraten, noch etwas gemahlene Walnüsse unterkneten.

2. Die Masse in einen Spritzbeutel füllen und auf ein mit Backpapier ausgelegtes Blech kleine Rosetten spritzen. Alles bei Zimmertemperatur einen Tag lang trocknen lassen.

3. Die Zartbitterkuvertüre im Wasserbad schmelzen, die Rosetten in die Kuvertüre tauchen und zum Abtropfen auf ein Gitter setzen. Jede Praline mit 1 Schokobohne verzieren, die Pralinen trocknen lassen und zum Schluss in Pralinenförmchen setzen. Verpacken und dunkel und kühl lagern.

## ZUTATEN

FÜR ETWA 60 STÜCK
400 g Marzipanrohmasse
100 g gemahlene Walnüsse
ca. 60 ml Kaffeelikör
600 g Zartbitterkuvertüre
ca. 60 Schokobohnen
zum Verzieren
ca. 60 Pralinenförmchen

Zubereitungszeit: ca. 20 Minuten
(plus Trockenzeit)
Pro Stück ca. 97 kcal/406 kJ

PRALINEN, BONBONS & CO.

# Kinderpunsch

## ZUTATEN

**FÜR 4 GLÄSER**
1 unbehandelte Orange
1 unbehandelte Zitrone
2 Nelken
3 Zimtstangen
2 El Zucker
250 ml Kirschsaft
250 ml Apfelsaft

1. Orange und Zitrone waschen und trocken reiben. Beides in Scheiben schneiden, 4 Orangenscheiben für die Dekoration beiseitelegen.

2. Die restlichen Zitrusscheiben mit 250 ml Wasser, Nelken, Zimt und Zucker zusammen in einen Topf geben. Das Ganze aufkochen lassen, bis der Zucker geschmolzen ist. Dann die Säfte dazugeben und noch 5 Minuten auf kleiner Flamme köcheln lassen.

3. Nelken, Zimtstangen und Zitrusfrüchte herausnehmen, den Punsch auf 4 Gläser verteilen, mit jeweils 1 Orangenscheibe verzieren und servieren.

Zubereitungszeit: ca. 10 Minuten
Pro Glas ca. 85 kcal/356 kJ

GETRÄNKE

# Weihnachtspunsch

Zubereitungszeit: ca. 15 Minuten
Pro Glas ca. 162 kcal/678 kJ

## ZUTATEN

FÜR 6 GLÄSER
1 l kräftiger Rotwein
2 cl brauner Rum
3 El Brombeersaft
2 El brauner Zucker
1 unbehandelte Orange
4 Gewürznelken
2 Zimtstangen
2 Sternanis
1 Tl Spekulatiusgewürz
1 Stück unbehandelte Zitronenschale
1 Msp. Orangenschalenaroma

1. Rotwein, Rum und Brombeersaft erhitzen, aber nicht kochen lassen. Zucker darin auflösen. Orange waschen, trocken tupfen und in Scheiben schneiden.

2. Gewürze, Zitronenschale, Orangenschalenaroma und Orangenscheiben in den Punsch geben, 10 Minuten ziehen lassen und gelegentlich umrühren.

3. Den Punsch auf 6 Gläser abgießen und mit den Orangenscheiben dekoriert servieren.

GETRÄNKE

# WÜRZIGER Zimtkaffee

## ZUTATEN

FÜR 4 GLÄSER
400 ml Milch
4 El Honig
1 Tl Zimt
4 Tl Kakaopulver
400 ml heißer starker Kaffee

Zubereitungszeit: ca. 10 Minuten
Pro Glas ca. 110 kcal/461 kJ

1. Die Milch erhitzen, Honig und Zimt einrühren und aufkochen lassen. Den Kakao unterrühren. In Tassen füllen, mit dem heißen Kaffee auffüllen und sofort servieren.

# FRANZÖSISCHER Grog

1. Rotwein mit Zucker zum Kochen bringen. Dabei rühren, damit sich der Zucker schnell auflöst. Vom Herd nehmen und den Kaffee einrühren. Auf Tassen verteilen und sehr heiß genießen.

## ZUTATEN

**FÜR 4 GLÄSER**
400 ml kräftiger Rotwein
4 El Zucker
500 ml heißer starker Kaffee

## TIPP

Wenn Sie nur den Geschmack, aber nicht den Alkohol des Rotweins in Ihrem Grog haben möchten, lassen Sie den Rotwein ein Weilchen ohne Deckel sprudelnd kochen.

Zubereitungszeit: ca. 10 Minuten
Pro Glas ca. 120 kcal/502 kJ

# HEISSER Ingwer-Cidre

## ZUTATEN

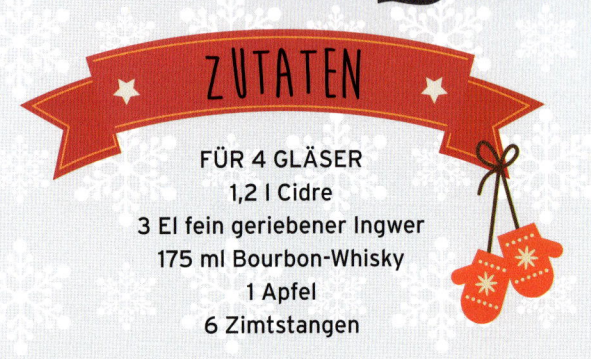

**FÜR 4 GLÄSER**
1,2 l Cidre
3 El fein geriebener Ingwer
175 ml Bourbon-Whisky
1 Apfel
6 Zimtstangen

1. Den Cidre mit dem Ingwer in einem Topf aufkochen, dann vom Herd nehmen und ca. 30 Minuten ziehen lassen. Anschließend durch ein Sieb gießen. Den Ingwer-Cidre erneut erwärmen.

2. Den Apfel waschen, das Kerngehäuse entfernen und den Apfel in 6 Spalten schneiden. Jede Spalte mit 1 Zimtstange spicken und in den heißen Cidre legen. Den Cidre mitsamt der Apfelscheiben auf 4-6 Gläser verteilen und heiß servieren.

Zubereitungszeit: ca. 10 Minuten
(plus Zeit zum Ziehen)
Pro Glas ca. 258 kcal/1080 kJ

# Vanille-Orangen-Kaffee

## Zutaten

**FÜR 4 GLÄSER**
1 Vanilleschote
1 unbehandelte Orange
2-3 TL brauner Zucker
½ l starker Kaffee
150 ml Sahne
1 P. Vanillezucker

1. Vanilleschote der Länge nach aufschneiden und das Mark herauskratzen. Orange heiß abwaschen, trocken tupfen und sehr dünn abschälen. 4 Orangenschnitze zum Verzieren beiseitelegen.

2. Vanillemark, Vanilleschote, Orangenschale und Zucker in einen Topf geben. Kaffee dazugeben und ca. 5 Minuten erhitzen.

3. Sahne mit Vanillezucker steif schlagen, Kaffee durch ein Sieb gießen und in Tassen füllen. Jeweils 2 Esslöffel Sahne daraufgeben, mit den Orangenschnitzen verzieren und sofort servieren.

Zubereitungszeit: ca. 15 Minuten
Pro Glas ca. 170 kcal/712 kJ

GETRÄNKE

# Grog

## ZUTATEN

FÜR 4 GLÄSER
8 Tl Zucker
160 ml Rum

Zubereitungszeit: ca. 5 Minuten
Pro Glas ca. 157 kcal/657 kJ

1. 500 ml Wasser aufkochen. In 4 Gläser je 2 Teelöffel Zucker geben, das kochende Wasser darübergießen und den Zucker unter Rühren auflösen. Je Glas 40 ml Rum zugeben und umrühren.

# Kaffeepunsch

1. Kaffee, Zucker, Nelken, Zimt und Rotwein in einen kleinen Topf geben. Heiß werden lassen, vom Herd nehmen und zugedeckt 2-3 Minuten ziehen lassen. Durch ein Sieb in Gläser abseihen. Mit frisch abgeschälter Orangenschalenspirale verzieren und sofort servieren.

## ZUTATEN

**FÜR 4 GLÄSER**
700 ml heißer, starker Kaffee
8 Tl Zucker
4 Gewürznelken
¼ Tl gemahlener Zimt
16 cl Rotwein
1 unbehandelte Orange
(Schalenspiralen)

*Wärmt an kalten Wintertagen!*

Zubereitungszeit: ca. 10 Minuten
Pro Glas ca. 40 kcal/167 kJ

GETRÄNKE 73

# Adventskalender

## ZUTATEN

**FÜR 24 STÜCK**
300 g Mehl
1 Ei
100 g feiner Zucker
1 Prise Salz
150 g weiche Butter
200 g dunkle Kuvertüre
bunte Zuckerstreusel
zum Bestreuen

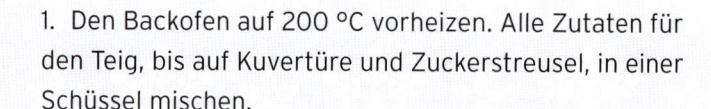

1. Den Backofen auf 200 °C vorheizen. Alle Zutaten für den Teig, bis auf Kuvertüre und Zuckerstreusel, in einer Schüssel mischen.

2. Mit möglichst kühlen Fingern rasch zu einem gleichmäßigen Teig verkneten und zu mehreren bleistiftdicken Rollen formen.

3. Die Teigrollen in 10-15 cm lange Stücke schneiden und auf mit Backpapier ausgelegten Backblechen die Zahlen 1-24 formen. Im Backofen etwa 8 Minuten backen und auf Kuchengittern auskühlen lassen.

4. Die Kuvertüre im Wasserbad schmelzen, jede Zahl zur Hälfte damit überziehen und direkt mit Zuckerstreuseln bestreuen. Die Schokolade fest werden lassen, jede Zahl vorsichtig in einen Zellophanbeutel legen, mit Kordel zubinden und alles zu einem Adventskalender zusammenstellen.

Zubereitungszeit: ca. 50 Minuten
(plus Zeit zum Backen und Abkühlen)
Pro Stück ca. 80 kcal/335 kJ

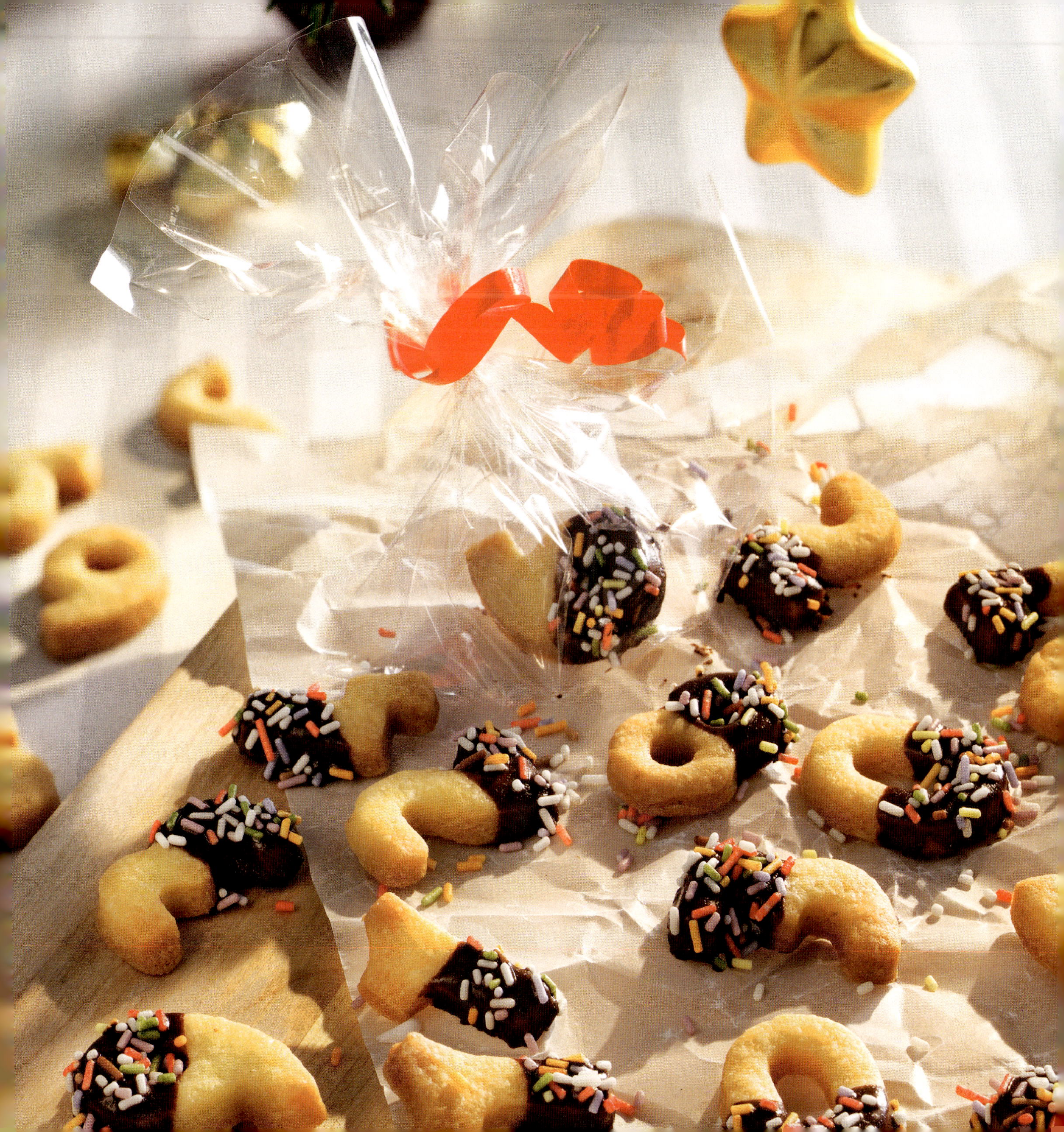

# Fliegenpilze

## ZUTATEN

**FÜR 12 STÜCK**

**Für den Teig**
70 g weiche Butter
70 g feiner Zucker
1 Ei
75 g Mehl
1 Msp. Backpulver
40 g Frischkäse
70 g gesiebter Puderzucker

**Für die Verzierung**
200 g weiße Schokolade
rote Lebensmittelfarbe
auf Ölbasis
1 El Puderzucker

**Außerdem**
Butter für die Form

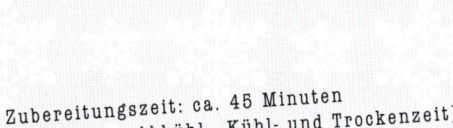

Zubereitungszeit: ca. 45 Minuten
(plus Back-, Abkühl-, Kühl- und Trockenzeit)
Pro Stück ca. 223 kcal/936 kJ

1. Backofen auf 160 °C vorheizen, eine kleine Kastenform (ca. 18 cm Länge) mit Butter einfetten. Die Butter mit dem Zucker schaumig schlagen, das Ei hinzugeben und gründlich unterrühren.

2. Das Mehl mit dem Backpulver vermischen und unterrühren. Den Teig in die Form geben und auf der mittleren Schiene ca. 15 Minuten backen. 30 Minuten in der Form abkühlen lassen, dann aus der Form stürzen und auf einem Kuchengitter vollständig auskühlen lassen.

3. Den Frischkäse mit dem Puderzucker gründlich verrühren. Die harten Ränder des Kuchens wegschneiden und den Kuchen mit den Händen zerbröseln.

4. Die Frischkäsemasse mit den Kuchenbröseln vermischen. Aus dem Teig Pilze formen. Etwa 1 Stunde in den Kühlschrank legen und fest werden lassen. Schneller geht es im Tiefkühlfach! Die gut durchgekühlten Teigpilze auf Cake-Pop-Sticks spießen.

5. Die Schokolade in Stücke brechen und im Wasserbad schmelzen. Gut die Hälfte der Schokolade rot einfärben. Den unteren Teil der Pilze jeweils mit der weißen Schokolade bepinseln, die Hütchen mit der roten Schokolade. Trocknen lassen.

6. Puderzucker mit wenig Wasser zu einem dicken Guss verrühren und kleine weiße Tupfen auf die Pilze setzen. Trocknen lassen.

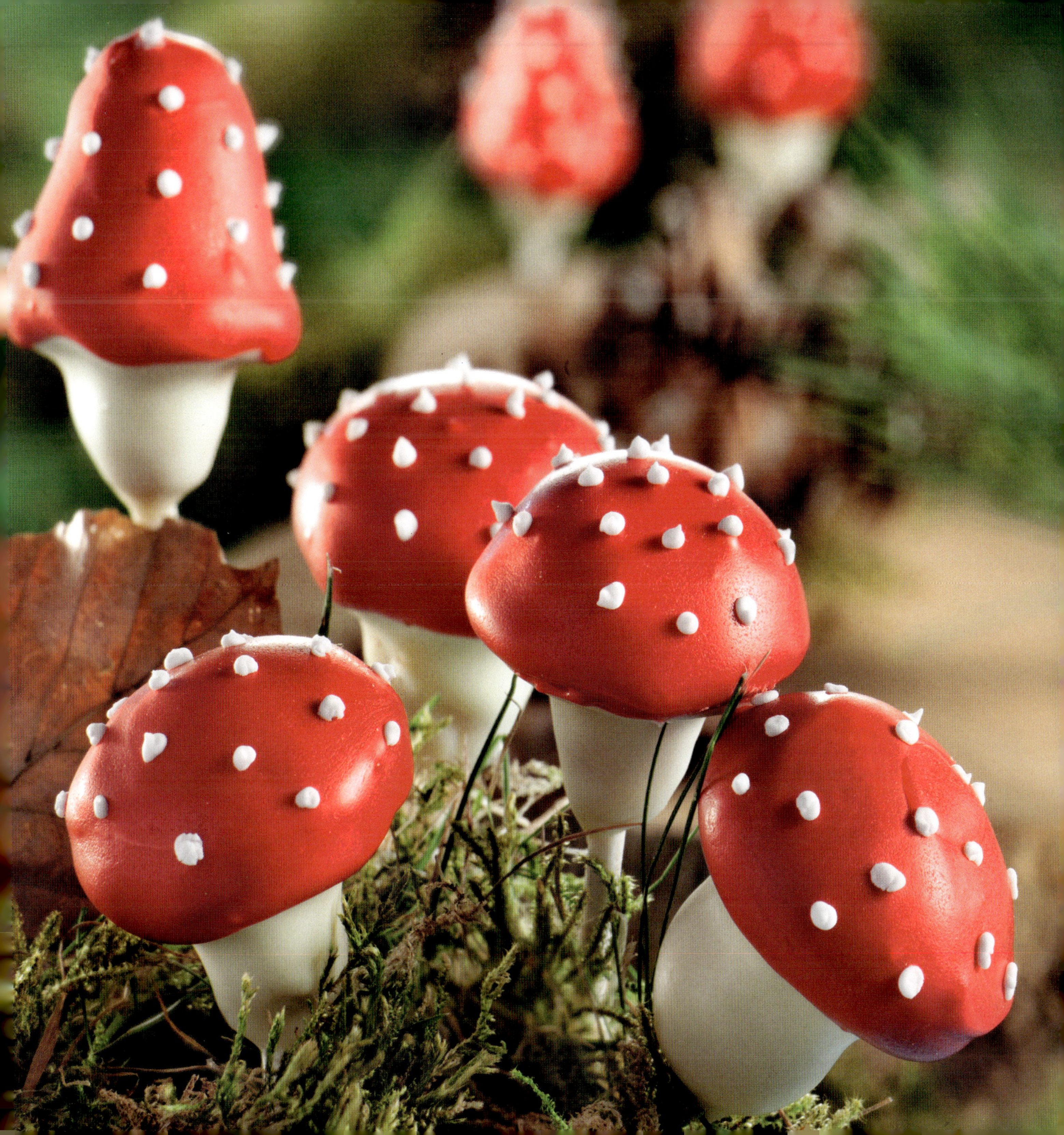

# Schneemänner

## ZUTATEN

**FÜR 1 STÜCK**
50 g Puderzucker
3 Pfeffernüsse
1 runder doppelter Butterkeks
1 runder Schokokeks
1 Dominostein
1 rote Zuckerperle für die Nase
braune oder schwarze
Lebensmittelfarbe in der Tube
Puderzucker zum Dekorieren

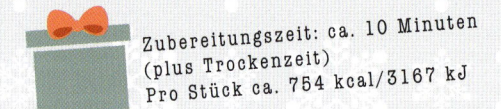

1. Den Puderzucker mit ganz wenig Wasser zu einer dicken Paste verrühren. Die erste Pfeffernuss damit mittig auf den doppelten Butterkeks kleben. Die zweite Pfeffernuss daraufkleben. Mit der dritten Pfeffernuss abschließen.

2. Zum Schluss den runden Schokokeks obenauf kleben und darauf den Dominostein. Als Nase 1 rote Zuckerperle auf die oberste Pfeffernuss kleben. Darüber mit der Lebensmittelfarbe Tupfen für die Augen setzen. Nach Belieben damit auch einen Mund malen und Tupfen für die Knöpfe auf die unteren Pfeffernüsse setzen. Die Schneemänner mit Puderzucker berieseln und alles trocknen lassen.

Zubereitungszeit: ca. 10 Minuten
(plus Trockenzeit)
Pro Stück ca. 754 kcal/3167 kJ

GESCHENKE AUS DER KÜCHE

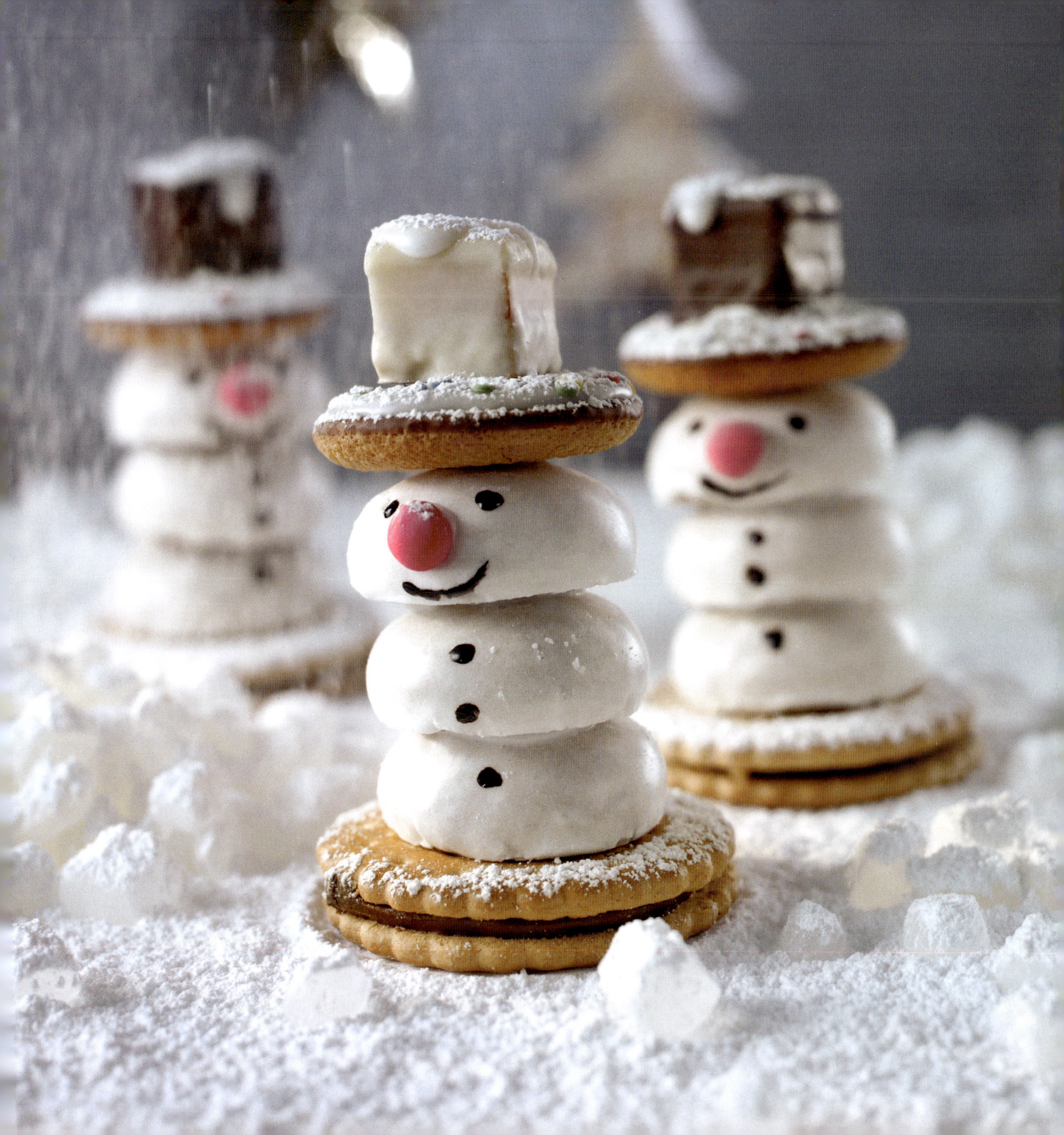

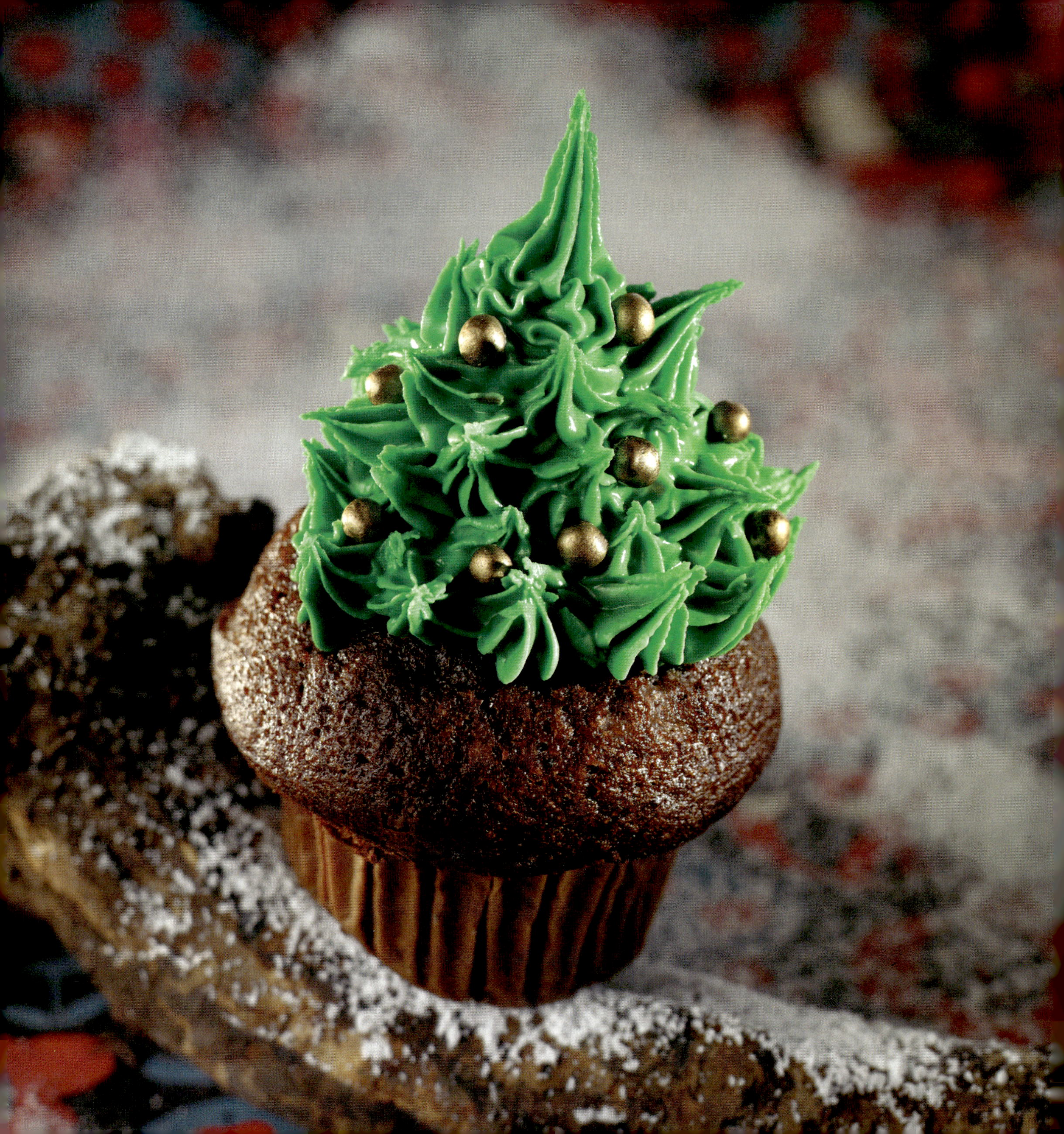

# Weihnachtsbaum-
## CUPCAKES

1. 6 Esslöffel Milch mit den Eigelben und der Speisestärke gut verquirlen. Die restliche Milch mit dem Zucker unter Rühren aufkochen. Die verquirlten Eigelbe dazugießen, dabei ständig rühren. Alles einmal aufwallen lassen, dann vom Herd nehmen und auf Zimmertemperatur abkühlen lassen. Ab und zu umrühren.

2. Die weiche Butter ca. 15 Minuten schaumig schlagen. Esslöffelweise den Pudding dazuquirlen. Nach und nach die gemahlenen Pistazien unterrühren. Zum Schluss etwas grüne Lebensmittel-Pastenfarbe dazugeben, bis der gewünschte Grünton erreicht ist. Die Creme in einen Spritzbeutel mit kleiner Sterntülle füllen und ca. 1 Stunde kühl stellen.

3. Die Muffins etwas begradigen und mit etwas Creme jeweils 1 Praline obenauf kleben. Die restliche Creme in kleinen Tupfen darum herum und darauf zu einem Weihnachtsbaum spritzen. Diesen mit goldenen Zuckerperlen verzieren. Bis zum Servieren kühl stellen.

### ZUTATEN

FÜR 12 STÜCK
500 ml Milch
4 Eigelbe
45 g Speisestärke
120 g Zucker
150 g weiche Butter
100 g ganz fein gemahlene Pistazien
etwas grüne Lebensmittel-Pastenfarbe
12 Schokomuffins (FP)
12 Pralinen
goldene Zuckerperlen zum Verzieren

Zubereitungszeit: ca. 40 Minuten (plus Kühlzeit)
Pro Stück ca. 310 kcal/1298 kJ

GESCHENKE AUS DER KÜCHE

# Trinkschokolade
## am Stiel mit Chili und Vanille

### ZUTATEN

FÜR ETWA 30 STÜCK
2 Vanilleschoten
100 g Bitterschokolade
100 g Vollmilchschokolade
1 Msp. Chilipulver
30 g Zucker
Kokosfett für die Förmchen
ca. 30 Eisstäbchen aus Holz

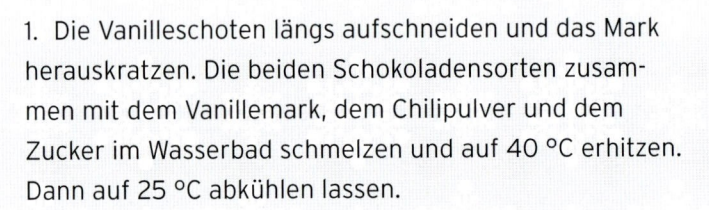

Zubereitungszeit: ca. 20 Minuten
Pro Stück ca. 39 kcal/165 kJ

1. Die Vanilleschoten längs aufschneiden und das Mark herauskratzen. Die beiden Schokoladensorten zusammen mit dem Vanillemark, dem Chilipulver und dem Zucker im Wasserbad schmelzen und auf 40 °C erhitzen. Dann auf 25 °C abkühlen lassen.

2. Herz-Eiswürfelbehälter (oder andere Formen) mit Kokosfett dünn einfetten. Die Schokolade unter Rühren erneut auf 32 °C erwärmen und dann in die Eiswürfelformen gießen. Sobald die Masse beginnt, fest zu werden, in jedes Herz einen Holzstiel stecken. Schokolade erstarren lassen.

3. Die Trinkschokoladenherzen aus den Förmchen drücken und mit einem Satinband zu einem Strauß zusammenbinden. Kühl und trocken lagern.

### TIPP

Für eine heiße Schokolade einfach ein Trinkschokoladenherz in heiße Milch halten, warten und rühren, bis sich die Schokolade aufgelöst hat.

GESCHENKE AUS DER KÜCHE

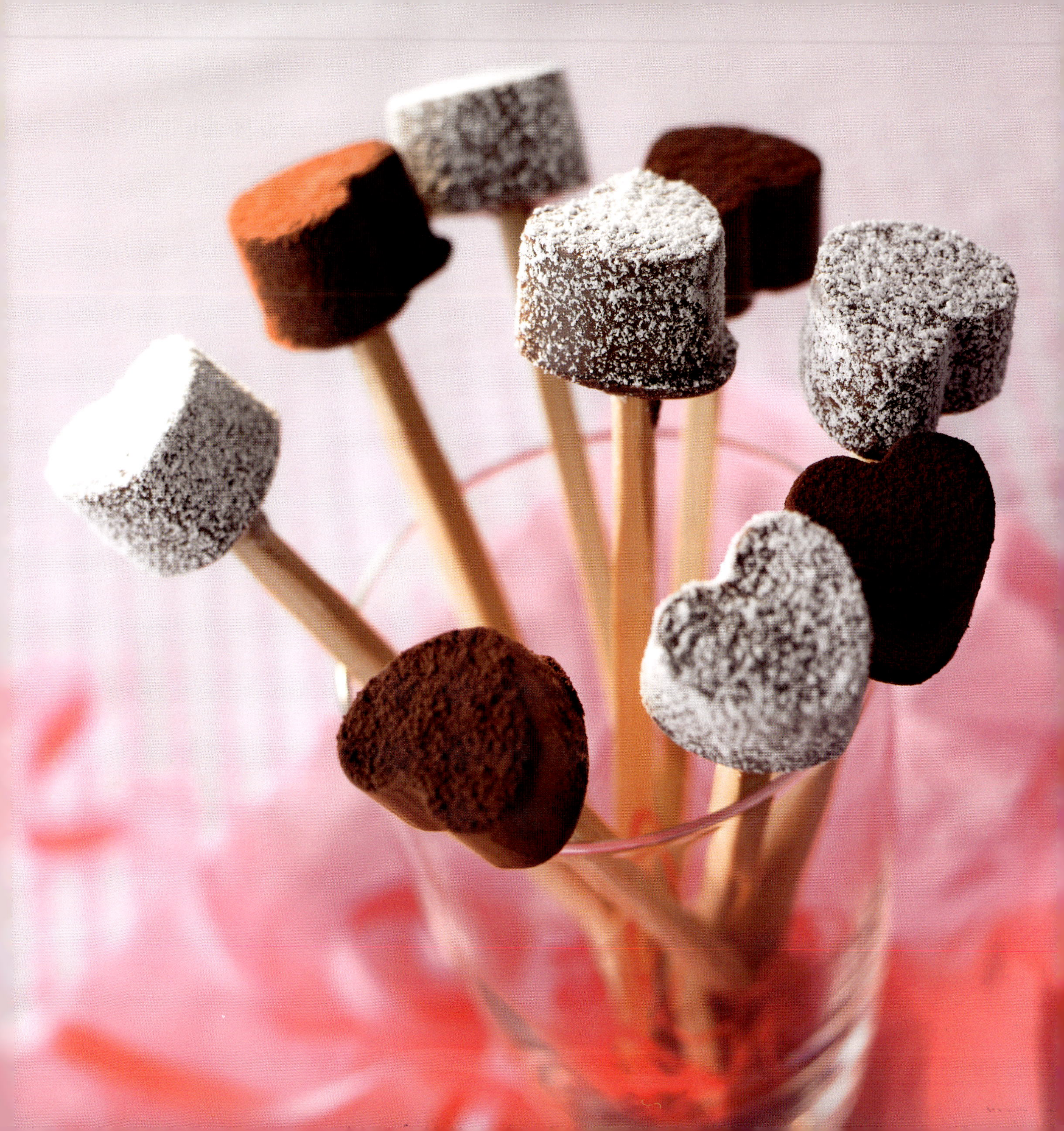

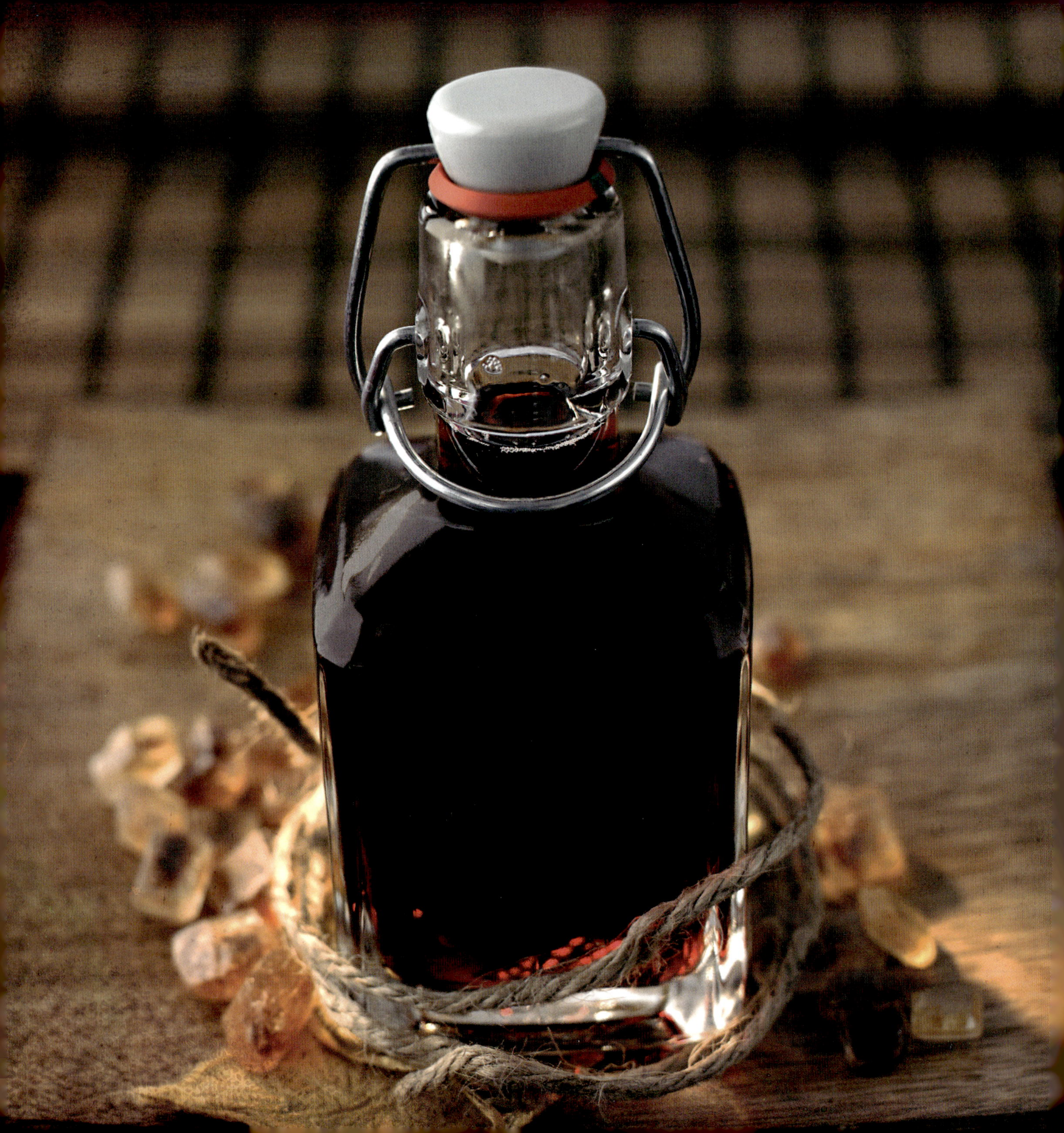

# Brombeerlikör
## mit Kandiszucker und Wacholder

1. Die Brombeeren verlesen, waschen und behutsam trocknen. Ein großes Einmachglas samt Deckel zum Sterilisieren für 15 Minuten in den auf 180 °C vorgeheizten Backofen schieben. Die Brombeeren in das Einmachglas füllen. Kandiszucker, Zimt, Zitronenschale und angedrückte Wacholderbeeren dazugeben und alles mit Gin auffüllen. Verschließen und 6-8 Wochen an einem sonnigen Platz, zum Beispiel auf der Fensterbank, ziehen lassen.

2. Die Flaschen ebenso wie das Einmachglas sterilisieren. Den durchgezogenen Brombeerlikör mithilfe eines Trichters durch ein Mulltuch in die Flaschen abseihen und diese gut verschließen. Kühl und dunkel lagern.

### ZUTATEN

**FÜR 3 FLASCHEN JE 330 ML**
250 g Brombeeren
150 g Kandiszucker
1 Zimtstange
½ unbehandelte Zitrone (Schale)
2 Wacholderbeeren
700 ml Gin

### TIPP
Dieser köstliche Likör passt hervorragend zu Vanillepudding, Eiscreme und vielen anderen Desserts, ist aber auch pur ein Genuss.

Zubereitungszeit: ca. 20 Minuten
(plus Zeit zum Sterilisieren und Ziehen)
Pro Flasche ca. 840 kcal/3516 kJ

GESCHENKE AUS DER KÜCHE

# Eierlikör

## ZUTATEN

**FÜR 3 FLASCHEN JE 500 ML**
10 Eier
2 P. Vanillezucker
500 g Puderzucker
250 ml Sahne
500 ml hochprozentiger Rum

Zubereitungszeit: ca. 20 Minuten
(plus Zeit zum Sterilisieren)
Pro Flasche ca. 1566 kcal/6557 kJ

1. Die Eier trennen, die Eiweiße anderweitig verwenden (z. B. für Baisers). Die Eigelbe mit Vanillezucker und Puderzucker im Wasserbad cremig aufschlagen. Dabei darauf achten, dass die Masse nicht zu heiß wird.

2. Nach ca. 4 Minuten die Sahne dazugeben und weitere 5 Minuten rühren. Alles aus dem Wasserbad nehmen und den Rum unterrühren.

3. Die Flaschen samt Deckeln zum Sterilisieren für ca. 15 Minuten in den auf 180 °C vorgeheizten Backofen schieben. Den Likör mithilfe eines Trichters in die sterilen Flaschen füllen und diese gut verschließen. Kühl lagern.

## TIPP

Angebrochene Flaschen sollten innerhalb von 4 Wochen aufgebraucht werden. Der Eierlikör schmeckt pur oder zu Desserts und ist ein echter Klassiker.

GESCHENKE AUS DER KÜCHE

# Lavendelsirup

1. Den Zucker mit 1 l Wasser unter Rühren aufkochen. Dann bei milder Hitze ca. 10 Minuten köcheln lassen, bis sich der Zucker aufgelöst hat und ein dünner Sirup entstanden ist. Vom Herd nehmen, die Lavendelblüten einstreuen und abgedeckt über Nacht an einem kühlen Platz ziehen lassen.

2. Vier Flaschen samt Deckeln zum Sterilisieren für ca. 15 Minuten in den auf 180 °C vorgeheizten Backofen schieben. Am nächsten Tag den Sirup mithilfe eines Trichters durch ein Mulltuch in die sterilisierten Flaschen abfüllen und die Flaschen gut verschließen. Kühl und dunkel lagern.

## ZUTATEN

**FÜR 4 FLASCHEN JE 330 ML**
500 g Zucker
½ Tasse frische unbehandelte Lavendelblüten oder 2 EL getrocknete unbehandelte Lavendelblüten (aus der Apotheke)

### TIPP

Dieser Blütensirup verleiht Obstsalaten ein ganz besonderes Aroma und verfeinert trockenen Crémant zu einem unwiderstehlichen Aperitif.

Zubereitungszeit: ca. 20 Minuten
(plus Zeit zum Ziehen und zum Sterilisieren)
Pro Flasche ca. 506 kcal/2120 kJ

GESCHENKE AUS DER KÜCHE

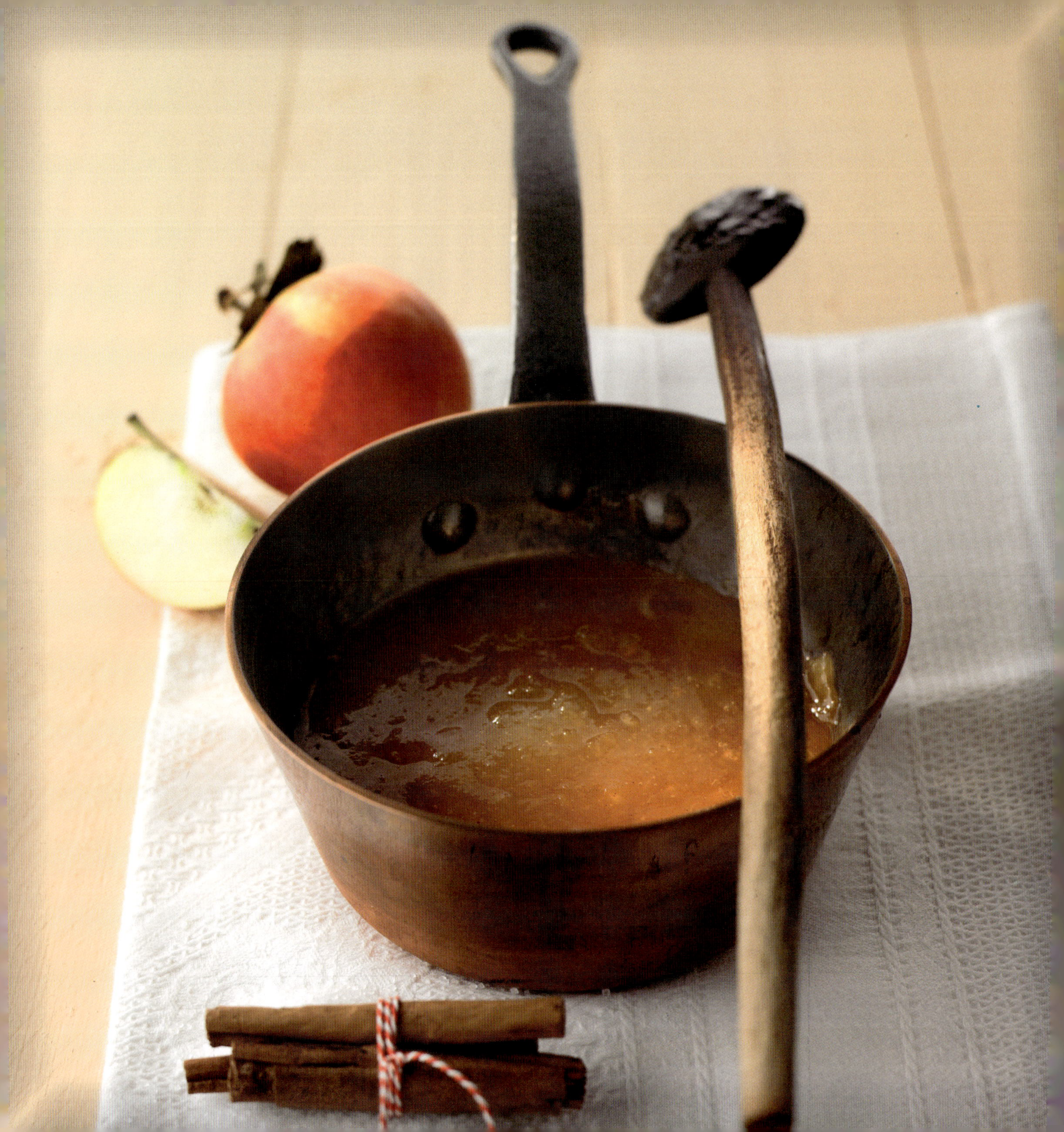

# Apfel-Zimt-
## Konfitüre

1. Die Äpfel schälen, halbieren, vom Kerngehäuse befreien und grob in Stücke schneiden. Die Hälfte der Äpfel mit etwas Wasser (oder Apfelsaft) in einem Topf zu feinem Mus kochen lassen.

2. Alle Zutaten, auch die restlichen Apfelwürfel, in einem Topf aufkochen und etwa 4 Minuten unter ständigem Rühren kochen lassen. Den aufsteigenden Schaum mit einer Schöpfkelle abschöpfen.

3. Den Topf von der Herdplatte ziehen und etwas Flüssigkeit auf einen kalten Tellerrand geben. Wenn die Flüssigkeit nicht fließt und sich eine feine Haut bildet, ist die Konfitüre fertig (Gelierprobe). Die Konfitüre zügig in die ausgekochten Gläser füllen. Diese sofort verschließen und ca. 5 Minuten auf den Kopf stellen.

### ZUTATEN

FÜR 6 GLÄSER JE 330 ML
1,5 kg Äpfel
1 Zitrone (Saft)
½ Tl Zimt
1 kg Gelierzucker (1:1)

Zubereitungszeit: ca. 25 Minuten
(plus Zeit zum Auskochen)
Pro Glas ca. 805 kcal/3371 kJ

**NICHT NUR AN WEIHNACHTEN LECKER!**

GESCHENKE AUS DER KÜCHE

# Hagebuttengelee

## ZUTATEN

**FÜR 4 GLÄSER JE 500 ML**
2 kg Hagebutten
1 kg Gelierzucker (2:1)
1 El abgeriebene Schale von
1 unbehandelten Zitrone

Zubereitungszeit: ca. 45 Minuten
(plus Zeit zum Ziehen und Auskochen)
Pro Glas ca. 1553 kcal/6502 kJ

1. Die Hagebutten waschen und von Stielen und Blüten befreien. Die Früchte verlesen, halbieren, die Kerne entfernen und nochmals waschen. Die Hagebutten in einem Topf mit ca. 1 l Wasser bei mäßiger Hitze weich kochen. Das Ganze durch ein Sieb streichen und 1 l Saft auffangen.

2. Den Zucker mit dem Hagebuttensaft in einem Topf etwa 20 Minuten ziehen lassen. Das Ganze mit der Zitronenschale unter Rühren ca. 4 Minuten kochen lassen, den aufsteigenden Schaum abschöpfen.

3. Den Topf von der Herdplatte ziehen und etwas Flüssigkeit auf einen kalten Tellerrand geben. Wenn die Flüssigkeit nicht fließt und sich eine feine Haut bildet, ist das Gelee fertig (Gelierprobe). Das Gelee zügig in die ausgekochten Gläser füllen. Diese sofort verschließen und für ca. 5 Minuten auf den Kopf stellen.

## TIPP

Geben Sie diesem Gelee eine ganz besondere Note, indem Sie etwas Zimt dazugeben.

GESCHENKE AUS DER KÜCHE

# WEIHNACHTLICHE Kirschmarmelade

## ZUTATEN

**FÜR 3 GLÄSER JE 330 ML**

1 Glas Sauerkirschen
3 Beutel Glühweingewürz
4 cl Amaretto
(oder Kirschwasser/Rum)
270 g Gelierzucker

Zubereitungszeit: ca. 30 Minuten
(plus Zeit zum Ziehen und Auskochen)
Pro Glas ca. 517 kcal/2165 kJ

1. Sauerkirschen mit der Flüssigkeit stark erhitzen, aber nicht kochen lassen, Glühweinfix dazugeben und 15 Minuten ziehen lassen. Anschließend Glühweinbeutel entfernen, Amaretto dazugeben, die Masse nach Belieben pürieren.

2. Gelierzucker darunterrühren und ca. 4 Minuten köcheln lassen. In ausgekochte Gläser abfüllen, für ca. 5 Minuten auf den Kopf stellen, dann umdrehen und erkalten lassen. Die Marmelade eignet sich übrigens sehr gut für Weihnachtsgebäck, wie z. B. Wiener Kolatschen.

GESCHENKE AUS DER KÜCHE

# Orangen-Wein
## mit Vanille

### Zutaten

**Für 2 Flaschen je 250 ml**
6 kleine, unbehandelte Orangen
1 unbehandelte Zitrone
frisch geriebene Muskatnuss
1 Vanilleschote
200 ml trockener Rotwein
150 g brauner Zucker
100 ml Wodka

1. Den Backofen auf 150 °C vorheizen. Die Zitrusfrüchte waschen und trocknen. Die Schalen in Spiralen dünn abschälen, das Fruchtfleisch anderweitig verwenden.

2. Die Zitrusschalen auf ein mit Backpapier ausgelegtes Backblech geben und im Backofen ca. 45 Minuten rösten, bis die weiße untere Schicht goldgelb ist und die Orangen dunkler werden.

3. Ein großes Gefäß samt Deckel zum Sterilisieren für ca. 15 Minuten in den auf 180 °C vorgeheizten Backofen schieben. Die Zitrusschalen mit etwas geriebener Muskatnuss, der aufgeschnittenen Vanilleschote, dem Rotwein, Zucker und Wodka hineingeben, fest verschließen und mindestens 1, besser 2 Monate an einem kühlen, dunklen Ort ziehen lassen.

4. Danach den Wein mithilfe eines Trichters durch ein Mulltuch in die auf dieselbe Weise sterilisierten Flaschen abseihen, verkorken und kühl und dunkel aufbewahren.

Zubereitungszeit: ca. 20 Minuten
(plus Zeit zum Backen und Ziehen)
Pro Flasche ca. 498 kcal/2084 kJ

GESCHENKE AUS DER KÜCHE

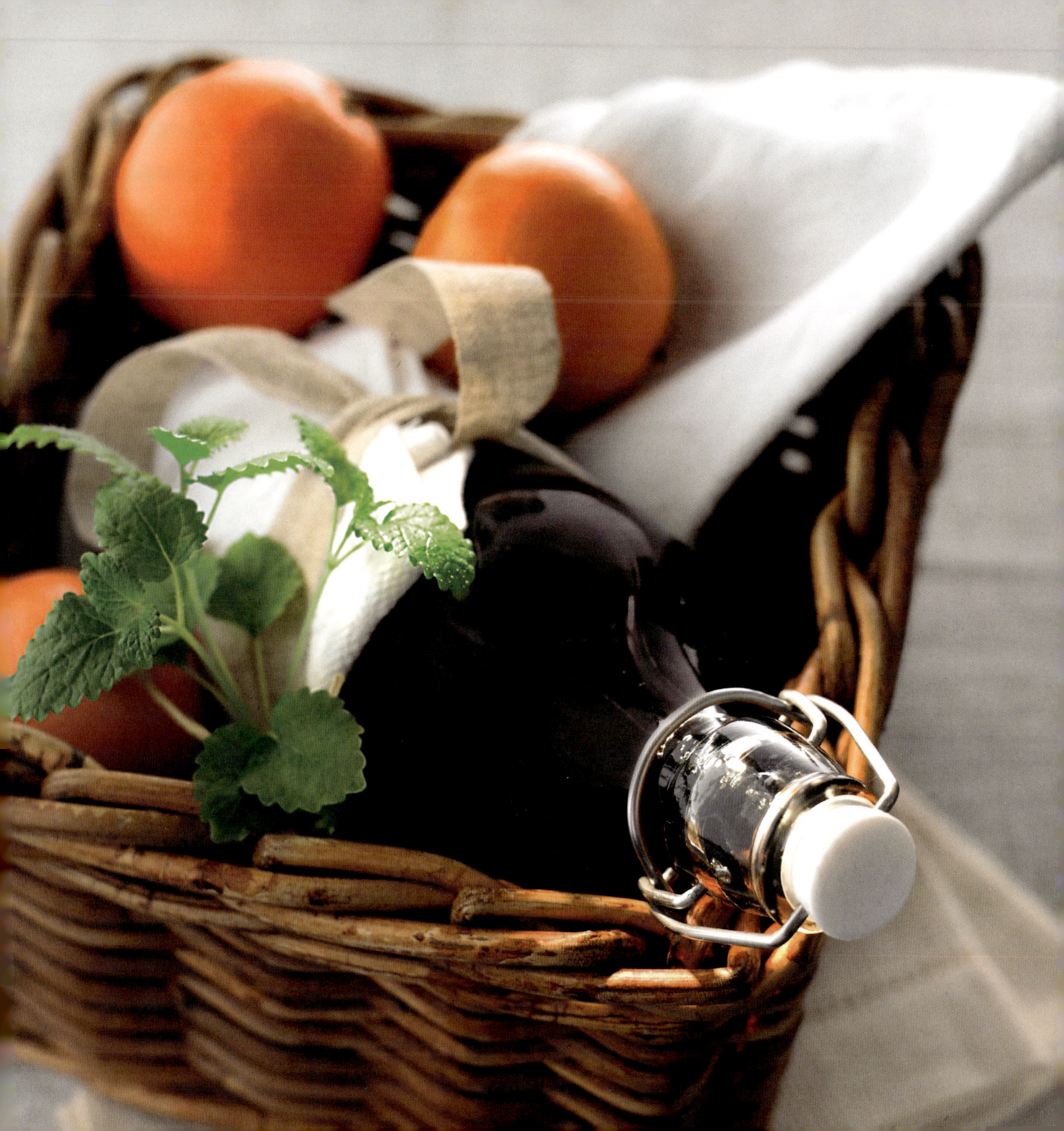

# Spanschachteln
## MIT MOTIVEN

Glanzbilder sind ein wunderbares Stück Kindheitserinnerung. Fast schon in Vergessenheit geraten, erleben sie jüngst eine Renaissance – wie vieles, was der nüchternen Sachlichkeit unserer Tage einen Hauch von Wärme und Nostalgie verleiht.

Weihnachtliche Glanzbilder mit liebevoll gestalteten Motiven eignen sich hervorragend als Schmuck für kleine oder größere Spanschachteln, die auf diese Weise einen festlich-unverwechselbaren Charakter erhalten.

Glanzbilder einfach mit einem Klebestift auf dem Deckel befestigen, die Schachtel füllen und das Ganze mit einem farblich abgestimmten Kordeldraht oder einem Schleifenband umwickeln – fertig ist das Geschenk mit Doppeleffekt. Denn der Beschenkte kann sich nicht nur am Inhalt der Spanschachtel erfreuen, sondern auch an der Verpackung selbst, die sich – zum Beispiel auf einem kleinen hölzernen Schlitten – zugleich als stimmungsvolle Dekoration vielseitig verwenden lässt.

GESCHENKE AUS DER KÜCHE

# HÜBSCHE Gebäcktütchen

1. Den Rand der Papiertüte mithilfe eines Filzstiftes dekorativ in Stickmuster-Optik (kleine Kreuze) verzieren.

2. Mit einem Motivlocher aus unterschiedlichem Tonkarton zwei Schmetterlinge ausstanzen. Die Schmetterlinge mit 3-D-Klebepads auf die Tüte kleben. Zum Schließen die obere Kante der Tüte zwei Mal nach unten falten.

3. Mithilfe eines Lochstanzers oben mittig ein Loch durch die drei Lagen stanzen. Ein Stück Bast durch das Loch ziehen und vorne zu einer Schleife knoten. Etwas Bast durch die Löcher eines Holzknopfes ziehen und vorne verknoten. Den Knopf unter die Bastschleife kleben.

## MATERIAL

ORIGINALGRÖSSE
ETWA 9 X 15 CM
Papiertüten in Braun
schwarzer Filzstift
Motivlocher: Schmetterling
Tonkartonreste
3-D-Klebepads
Lochstanzer
Bast
Holzknopf
Klebepunkte
Schere

GESCHENKE AUS DER KÜCHE

# Rezeptverzeichnis

**A**dventskalender — 74
Amarettini — 33
Apfel-Zimt-Konfitüre — 89

**B**ananen-Hafer-Knusperchen — 32
Bethmännchen — 30
Brombeerlikör mit Kandiszucker und Wacholder — 85
Buttertrüffel — 51
Butter-Vanille-Trüffel — 64

**C**hriststollen — 48

**E**ierlikör — 86

**F**liegenpilze — 76

**G**ewürzplätzchen mit Pecannüssen — 35
Glühweingelee-Gebäck — 36
Grog — 72
Grog, französischer — 69

**H**agebuttengelee — 90
Honig-Minz-Bonbons — 55

**I**ngwer-Cidre, heißer — 70

**J**ohannisbeer-Kränzchen — 6

**K**affee-Bonbons — 58
Kaffee-Marzipan-Pralinés — 65
Kaffeepunsch — 73
Kinderpunsch — 66
Kirschmarmelade, weihnachtliche — 91
Kirsch-Schoko-Chippers — 9
Kirschtrüffel — 57

**L**avendelsirup — 87

**M**arshmallow-Konfekt — 59
Marzipanwaffeln mit Mohnsahne — 40
Mohn-Shortbread — 15
Mohnstrudel — 42

**N**ougat-Plätzchen — 18
Nuss-Amarena-Plätzchen — 20

**O**rangenherzen — 8
Orangenwein mit Vanille — 92

**P**anettone — 44
Pistazienplätzchen — 11
Plätzchen della Nonna — 12

**R**ote-Grütze-Häppchen — 54
Rum-Kugeln mit Mascarpone — 50

**S**chneemänner — 78
Schneemann-Plätzchen — 28
Schoko-Bonbons — 62
Schoko-Cornflakes-Knusperchen — 16
Schoko-Minz-Plätzchen — 17
Schoko-Orangen-Törtchen — 39
Shortbread mit Salzkaramell — 27
Stollen-Muffins — 47

**T**rinkschokolade am Stiel mit Chili und Vanille — 82

**V**anillekipferl — 26
Vanille-Orangen-Kaffee — 71

**W**eihnachtsbaum-Cupcakes — 81
Weihnachtskuchen im Glas — 41
Weihnachtspunsch — 67
Whiskey-Sahne-Fudge — 52
Wiener Kolatschen — 23

**Z**imtkaffee, würziger — 68
Zimt-Muffins — 46
Zimt-Schoko-Stangen — 60
Zimtsterne — 24

**Verpackungsideen**
Gebäcktütchen, hübsche — 95
Spanschachteln mit Motiven — 94